MÉMOIRES

SUR

L'ART DE LA GUERRE

PAR

LE GÉNÉRAL COMTE DE LA ROCHE-AYMON

TOME CINQUIÈME

PARIS

LIBRAIRIE MILITAIRE, MARITIME ET POLYTECHNIQUE

DE J. CORRÉARD

Libraire-éditeur et libraire-commissionnaire

RUE SAINT-ANDRÉ-DES-ARTS, 58

1857

MÉMOIRES

SUR

L'ART DE LA GUERRE

Paris. — Typographie de Gaittet et Cie, rue Gît-le-Cœur, 7.

MÉMOIRES

SUR

L'ART DE LA GUERRE

PAR

LE GÉNÉRAL COMTE DE LA ROCHE-AYMON

TOME CINQUIÈME

PARIS

LIBRAIRIE MILITAIRE, MARITIME ET POLYTECHNIQUE

DE J. CORRÉARD

Libraire-éditeur et libraire-commissionnaire

RUE SAINT-ANDRÉ-DES-ARTS, 58

1857

MÉMOIRES

SUR

L'ART DE LA GUERRE,

PAR

LE GÉNÉRAL COMTE DE LA ROCHE-AYMON.

Passage des rivières sur des ponts.

Si la riviére qu'on veut passer n'est pas guéable, il faut reconnaître exactement l'endroit le plus commode pour construire un pont. On fait en sorte de trouver au bord de la rivière un coteau qui commande la plaine qui est de l'autre côté, afin d'y placer des pièces de canon qui empêchent les ennemis de s'y mettre en bataille. On choisit encore, autant qu'il est possible, le terrain où la rivière fait un angle rentrant[1], afin qu'en établissant des batteries à droite et à gauche elles puissent croiser sur le lieu où l'ennemi peut se porter pour s'opposer à la construction du pont. Il faut observer aussi qu'il y ait au débouché sur l'autre bord

1. Dans l'article *pont*, de *l'Encyclopédie* (édit. de Genève, chez Pellet, 1777), on trouve un principe contraire, le voici : « Il ne faut jamais construire de pont dont la tête soit dans le rentrant de la rivière, parce que l'ennemi pouvant se développer à l'autre rive sur les saillants, vous bat de ses batteries en tirant de la circonférence au centre, tandis que les vôtres sont dans une position contraire et conséquemment défavorable. »

Ce principe, contraire à celui que j'avance, et qui est généralement admis, est mal défendu, car quelque part qu'on jette le pont, il n'en sera pas moins le centre des feux de l'ennemi ; et l'arc sur lequel il se développera sera bien plus étendu, si la tête du pont se trouve plutôt au saillant qu'au rentrant ; enfin, les batteries qui doivent le protéger sont bien moins avantageusement placées, si la tête du pont est dans un saillant. Ce qu'il y a de spécieux à dire en faveur de cette position, c'est que l'ennemi peut vous enfermer dans un rentrant resserré (*Aide-Mémoire*, 3e édit., 1801, p. 1038).

une place assez spacieuse pour mettre les troupes en bataille, lorsqu'elles auront passé la rivière.

Ayant déterminé le lieu où l'on veut passer la rivière, on se munit des bateaux ou pontons qu'on juge nécessaires pour cette entreprise, ou, à leur défaut, de plusieurs pièces de bois et de cordages pour construire des radeaux. Ce convoi s'avance dans le plus grand silence vers la rivière, afin que les gardes et patrouilles des ennemis ne puissent en juger la direction.

Le rendez-vous du convoi est vis-à-vis l'endroit où l'on a résolu de traverser. Dès qu'on y est arrivé, on fait passer un détachement d'infanterie, muni d'outils à pionniers, pour s'établir diligemment de l'autre côté, dans l'endroit le plus avantageux pour protéger la construction du pont.

Quelquefois la proximité de l'ennemi ou les localités obligent d'assurer son passage et ses ponts par des retranchements qui en protégent et défendent le débouché. Alors on fait accompagner l'avant-garde par un bon nombre de travailleurs. Lorsque l'avant-garde est passée, elle doit se porter en avant de manière à saisir tous les avantages du terrain, et à laisser aux travailleurs l'espace nécessaire pour construire un retranchement proportionné à l'importance du débouché et au nombre de troupes destiné à le défendre. La figure 1 de la planche I indique à peu près la manière de poster son avant-garde, en profitant des avantages des localités.

Lorsque les travailleurs sont arrivés sur l'autre bord, ils construisent promptement une demi-lune, qu'on palissade si l'on en a le temps; lorsqu'elle est achevée, on fait passer de nouvelles troupes qui se retranchent de même sur la droite et sur la gauche de ce premier ouvrage. Si l'ennemi n'inquiétait pas ce premier travail, mais que l'on dût craindre qu'il ne vînt avec des forces considérables pour attaquer l'armée occupée de son passage, il faudrait faire passer assez de travailleurs, d'outils, de sacs à terre et de sacs à laine pour construire un ouvrage plus fort et plus régulier, dont les branches seront défendues par des batteries établies sur le bord opposé, et par les grenadiers qui sont derrière les épaulements qu'on a eu le soin d'y pratiquer en arrivant.

« Indépendamment de cet ouvrage, qui sera plus que suffisamment garni à huit hommes par 2 mètres de développement, et où le reste des troupes ne doit que défiler, l'on ne peut se dispenser de chercher un terrain sur lequel elles se retranchent, ou se barricadent avec des abatis ou des chevaux de frise, à mesure qu'elles déboucheront.

« Ce champ de bataille, ou plutôt cet entrepôt, ne peut, ce me semble, être mieux placé qu'en deux parties sur les flancs de la pièce qui, les débordant, les protégera de son feu. Sans cette circonstance, on ne pourrait leur donner trop de profondeur; j'estime quelle ne peut être moindre que de 120 mètres, pour que les troupes qui y sont postées ne soient point embarrassées dans leurs manœuvres par celles qui fileront sur leurs derrières.

« Comme ces retranchements s'allongent à proportion du nombre de ceux qui y entrent, l'on voit qu'ils ne peuvent être fermés par une de leurs extrémités. M. le marquis de Santa-Cruz propose, pour y remédier, de les traverser à chaque distance de 5 ou 600 pas par une coupure tirée de la ligne à la rivière, ou d'y suppléer par une redoute. Cette précaution ne peut être que bonne, mais voilà le terrain coupé, ou embarrassé et déterminé. Si la rivière est étroite, l'on peut, je crois, se dispenser de ce surcroît de travail, en ce que l'ennemi ne pourrait attaquer par là sans prêter le flanc au retranchement qui doit, avant toutes choses, avoir été élevé sur la rive opposée.

« Il est sinon indispensable, du moins très-nécessaire, suivant ce judicieux auteur, de construire un deuxième pont dès que le premier est achevé, ne fût-ce que pour éviter le péril où se trouverait ce qui aurait passé la rivière, si quelque accident causé par l'artillerie ou autrement dérangeait le premier, de manière à couper la communication.

« Le retranchement dont nous venons de parler doit alors être compris en entier, ou du moins en partie, entre leurs deux têtes; l'on retire même de là un grand avantage, qui est qu'en cas de rupture de l'un des ponts, le reste de l'armée peut non-seulement marcher au secours de l'ouvrage qui le couvre, mais encore qu'en supposant cette ligne finie, elle ne craint point d'être prise en flanc. Les têtes de ponts ont des portes, parce qu'elles doivent subsister au moins pendant quelque temps, et qu'il faut d'ailleurs qu'elles communiquent de droite et de gauche, mais l'on n'en fait point aux parties de lignes qui y aboutissent. Lorsque toute l'armée, ou du moins un nombre à peu près égal à celui qu'elle a en tête, est passé avec de l'artillerie, si l'on veut s'avancer dans la campagne, les troupes (chaque corps devant soi) rabattent en pente douce le parapet et la contrescarpe dans le fossé pour sortir en bataille, et éviter par là le danger d'être chargées en défilant.

« L'on voit combien la vigilance et l'attention sont nécessaires dans une entreprise aussi hasardeuse que celle qui fait le sujet de cet article. Il faut, par quelque manœuvre adroite, avoir écarté l'ennemi pour avoir le temps d'élever le retranchement et les batteries destinées à lui défendre l'accès du lieu où aboutiront les ponts. Ce retranchement doit être dans un emplacement favorable, tant par quelque supériorité que par un coude de la rivière, qui aide à croiser les deux en avant. Enfin des troupes qui sont sur l'autre rive, une moitié doit travailler, chacun ayant ses armes à deux pas devant soi, et l'autre la couvrir en bataille. Les uns doivent relever les autres d'heure en heure, et si l'ennemi marche à eux avant que les parapets soient formés, c'est des fossés mêmes (où ils seront mieux couverts par la contrescarpe) qu'ils doivent se défendre; en quoi ils seront encore mieux aidés par le feu de l'autre rive qu'ils cesseront par là de masquer[1]. »

Si le lit de la rivière était si large que le feu des grenadiers ne portât pas de l'autre côté, ce qui n'est pas ordinaire, les branches de l'ouvrage pourront tirer leur défense des demi-lunes ou des retranchements qu'auront faits à droite et à gauche les premières troupes, ou bien on observera de ne tenter le passage d'une pareille rivière que vis-à-vis d'une île, dont on se sera d'abord emparé, et dans laquelle on établira ses batteries.

Pendant qu'on est occupé à s'assurer du bord de la rivière, on ne perd pas de temps pour travailler à la construction du pont. Dès qu'il est achevé, on y fait passer promptement les troupes. Mais si les ennemis sont en présence, il faut, avant qu'elles passent, avoir achevé l'ouvrage ou tête du pont, parce que les troupes courraient risque d'être défaites par l'ennemi, qui les attaquerait à mesure qu'elles se présenteraient sur l'autre bord. L'ouvrage étant fini, on y fait entrer autant de grenadiers qu'il en peut contenir, avec quel-

1. Clairac, l'*Ingénieur de Campagne*.

ques pièces de campagne. Et comme le canon qui est placé de l'autre côté de la rivière tient les ennemis éloignés, on peut alors faire passer la cavalerie en diligence, ce qui ne peut cependant se faire que lorsque l'armée ennemie est inférieure, car si elle était nombreuse, ses troupes venant se mêler avec les vôtres, le feu de protection de votre canon et de votre infanterie deviendrait inutile.

Si le gros de l'armée ennemie vis-à-vis de laquelle on serait campé, ne se doutant pas du détachement que vous avez fait pour préparer et établir le passage à sa droite ou à sa gauche, ne faisait aucun mouvement pour s'y opposer, votre armée devrait se tenir tranquille jusqu'à ce que le détachement ou avant-garde fût passé et bien établi, alors on se mettrait en marche dans l'ordre le plus propre à accélérer son mouvement. S'il n'y avait qu'un pont, ce qui arrive quelquefois, alors les lignes passent successivement. Mais on ne doit pas se fier à un seul pont, surtout s'il est avantageux à l'armée d'en avoir un qui subsiste, car les courants peuvent le rompre ou les ennemis le ruiner. C'est pourquoi, sitôt que le premier est achevé, il en faut établir un autre et construire à sa tête une autre demi-lune, avec une communication de cette demi-lune jusqu'à l'ouvrage déjà construit, laquelle soit assez grande pour pouvoir contenir la meilleure partie de l'infanterie. Chaque ligne passe alors par son pont. Lorsque toute l'armée est de l'autre côté, entre la rivière et l'ouvrage à corne, ou dans la ligne dont on vient de parler ; si les ennemis sont en présence, on abat cet ouvrage avant que d'en sortir, pour n'être pas obligé de défiler, car autrement les ennemis, quoique inférieurs en nombre, ne manqueraient pas de vous charger avant que vous eussiez rangé vos troupes en bataille, surtout s'ils pouvaient vous attaquer en flanc. La figure 2 de la planche 1 représente un passage de rivière tiré des œuvres stratégiques de Frédéric II.

L'opération de forcer un passage de rivière en présence de l'ennemi est une manœuvre aussi rare que dangereuse. Depuis le fameux passage du Lech par Gustave-Adolphe jusqu'au passage de Lodi par le général Bonaparte, cette manœuvre a été très-peu tentée. Ces prodiges, entrepris par quelques grands hommes, ne peuvent être donnés comme des exemples. Mais s'il était impossible de gagner quelques marches sur l'ennemi et d'aller plus haut ou plus bas jeter son pont ou opérer son passage, que l'on fût contraint de le forcer, coûte que coûte; les règles que nous venons de donner peuvent servir de guides. Mais, je le répète, il est essentiel d'employer toujours plusieurs fausses attaques pour faire diversion à l'ennemi et empêcher qu'il ne se réunisse contre la véritable. On doit bien calculer le temps dont on a besoin pour la construction des ouvrages et des ponts, et pour passer la plus grande partie des troupes avant que l'ennemi puisse s'y porter avec toutes ses forces. Il faut, de plus, avoir pris des mesures justes pour n'avoir à attendre ni pontons ni bateaux, ni rien de l'attirail; car le moindre retard pourrait faire échouer l'entreprise la mieux concertée.

Passage de rivières en bateaux ou radeaux.

Si plusieurs des avantages du terrain que nous avons indiqués comme nécessaires à la réussite de l'opération ne se rencontraient point, si l'ennemi était en présence bien retranché et résolu de disputer le passage, il me semble que rien ne saurait être plus dangereux que de défiler devant lui sur ses ponts quelques larges qu'ils soient, je pense que l'on ferait mieux de se servir de radeaux ou bateaux.

C'est le parti que prit Charles XII au passage de la Duna. Pour affaiblir l'armée saxonne qui s'y opposait, il menaça Kokenhausen, forteresse de Livonie, et dès qu'il sut que le général Steinau avait fait un détachement pour secourir cette place, il passa la Duna (à la vue des ennemis retranchés), sur des bateaux plats ou radeaux de son invention[1] après avoir fait allumer sur d'autres barques quantité de paille mouillée, dont la fumée poussée par un vent très-fort sur les ennemis les offusquait entièrement et leur cachait sa manœuvre.

S'il y a une rivière qui ait son confluent dans le fleuve que l'on veut passer, on doit choisir cet endroit préférablement à tout autre. L'ennemi ne voyant rien de ce qui se passe en dedans, les préparatifs s'y font sans péril et avec beaucoup plus de secret et de diligence. Pendant ce temps-là on tache de faire diversion des forces de l'ennemi par des contre-marches dont il puisse être informé, et qui lui puissent faire croire qu'on n'a nulle envie d'attaquer de ce côté-là ; on

1. Ces radeaux étaient composées de plusieurs lits de poutres équarries, fortement liées et croisées les unes sur les autres. Il y avait un bordage assez élevé pour couvrir les troupes, et dont une partie s'abaissait pour servir de pont au débarquement. Ils portaient 500 hommes et 2 pièces de canon.

y laisse un grand corps de troupes embusqué, et on fait mine d'aller jeter un pont à 3 ou 4 lieues au-dessus ou au-dessous du fleuve. Il est bien difficile que l'ennemi ne prenne pas le change lorsqu'il voit une armée décamper d'un endroit pour aller camper dans un autre. La nuit venue, toute cette armée, qui a marché pour faire semblant de passer ailleurs, décampe à la sourdine pour se rendre en diligence à l'endroit où l'on a résolu le passage. Alors tous les bateaux sorten de la rivière et entrent dans le fleuve pour passer au-delà.

Les premières troupes qui débarquent attaquent, fort ou faible, ce qui se présente devant elles ; elles occupent les maisons les plus proches de la rive du fleuve, ou les endroits les plus avantageux, et se fortifient le mieux qu'il leur est possible, pendant que l'on jette le pont pour faire passer l'armée.

Pour le passage des grandes rivières, il faut avoir un grand nombre de gros bateux ou radeaux, et les armer, s'il se peut, d'un blindage mobile de fascinages d'osier. Les premiers bateaux ou radeaux sont remplis de quelques compagnies de grenadiers qui, en mettant pied à terre, attaquent l'ennemi pendant que le gros des troupes, qui est dans les autres, débarque et se forme en deux colonnes qui attaquent tout ce rencontrent. L'infanterie qui arrive à la suite de celle qui a d'abord passé, forme une seconde ligne pour l'appui des deux premières colonnes. Quelque brave et déterminé que l'ennemi puisse être, il ne saurait envelopper les deux colonnes de toutes parts sans un désavantage manifeste; car s'il s'engageait dans l'intervalle qu'elles laissent entre elles, il se trouverait exposé à trois feux. Après le passage de ces premières troupes, les bateaux suivants portent un corps de cavalerie, lequel va se placer ou sur les ailes ou dans le centre des deux premières colonnes, et le tout étant formé, attaque l'ennemi brusquement, et sans délibérer, pour s'étendre, gagner du terrain et occuper les endroits qui paraissent les plus avantageux.

Pendant qu'on est aux mains, qu'on avance et qu'on s'étend le long des rives du fleuves, qu'on fait occuper les hautes digues, s'il s'en trouve (comme M. le prince Eugène fit sur le Pô et le canal blanc), on y poste du canon.

Comme il est à craindre, après une première action, qui aura réussi, que les différents corps de l'ennemi, campés le long du fleuve, ne viennent à se rassembler et qu'ils ne marchent après cette jonction pour fondre sur ce qui aura passé, il est bon de se précautionner. Le mieux est, si l'on peut, de se couvrir par des arbres coupés, qui est l'obstacle le plus redoutable et le plus grand qu'on puisse avec le plus de facilité opposer au nombre et à la valeur.

Si l'ennemi s'est retranché sur les bords de la rivière, sans laisser aucun terrain pour se former, l'attaque devient alors fort difficile et très-dangereuse, étant essentiel que les soldats puissent combattre sur un terrain ferme. Car quand même les bateaux ne tireraient qu'un pied d'eau, il n'est guère possible que les soldats puissent agir et combattre avec quelque espérance de succès, s'ils ont le pied dans l'eau. Ils perdent en pareil cas toutes leurs forces et cette légèreté si nécessaire dans une atttaque brusque et impétueuse. L'ennemi peut d'ailleurs opposer plus d'obstacle et placer des piéges dans l'eau qui rendent la descente presque impraticable. Celui qui attaque doit prévoir tous les obstacles qu'on pourrait lui opposer et s'être précautionné contre tout événement. On plante souvent de gros pieux dans l'eau, ou l'on y jette de gros arbres entiers avec leurs branches, et tout cela fait perdre un temps infini, pendant qu'on est exposé à des salves continuelles de mousqueterie et de canon qui font périr une infinité de braves gens. Le marquis de Santa-Cruz pratiqua cette méthode dans la mer même, en craignant une descente à Cagliari, capitale de la Sardaigne; il fit enfoncer de gros pieux dans l'eau sur plusieurs rangs, de sorte qu'il était impossible d'aborder le rivage. Le meilleur expédient pour surmonter ces sortes d'embarras serait de faire des espèces de ponts-levis sur un des côtés des bateaux qu'on retiendrait levés par de fortes amarres, jusqu'au moment de les baisser. Leur longueur pourrait être de 3 à 4 mètres, sur une largeur proportionnée. Cet appareil ressemblerait aux sambuques des anciens et en aurait l'utilité. Malgré cela, si l'ennemi était retranché si près du bord qu'il ne laissât pas l'emplacement nécessaire pour se former, il faudrait, avant de rien entreprendre, avoir ruiné ses défenses à coups de canon.

On peut aussi tenter le passage pendant un grand brouillard dans un lieu où l'ennemi n'a point pratiqué d'épaulements pendant qu'on fait mine de passer vis-à-vis de ses retranchements. Quand les troupes sont passées de l'autre côté et que l'ennemi se présente en force, le général doit prendre un ordre de bataille convenable à la nature du terrain et à la disposition de l'ennemi qui vient l'attaquer, sans négliger de faire élever quelques redans derrière lui pour sa protection, en cas qu'il vînt à être repoussé.

Les radeaux ont un grand avantage sur les bateaux pour le passage des grandes rivières ; ceux-ci demandant beaucoup de soin, de temps et de dépenses. D'ailleurs les gros bateaux ne se transportent pas aisément et sont sujets à mille accidents fâcheux. Le plus grand de tous est qu'ils peuvent être coulés bas d'un seul coup de canon; et les coups sont d'autant plus certains, que ces bateaux donnent beaucoup de prise. C'est toute autre chose dans les radeaux. Ils sont très-simples, très-aisés à construire, et l'on en fait un très-grand nombre en très-peu de temps. On ne saurait les couler bas, ils ne donnent aucune prise, étant à fleur d'eau. On m'objectera peut-être qu'on ne trouve pas toujours le bois propre pour la fabrique de ces sortes de machines; mais il s'en trouve toujours où il y a des poutres de sapins ou des soliveaux[1], et des tonneaux pour les soutenir, car on en fait de plusieurs sortes.

Si l'on avait trop à craindre du feu de l'ennemi, les radeaux offriraient la possibilité d'élever sur un de leurs bords un parapet de sacs à laine ou de sacs à terre qui couvrirait les troupes pendant le passage et serviraient à construire sur le rivage un retranchement provisoire d'une exécution aussi facile que prompte.

Le prince Eugène, parmi les modernes, est un de ceux qui a le mieux entendu cette partie difficile de l'art de la guerre; Folard l'appelle le grand traverseur des

1. La démolition des maisons ou édifices les plus à portée, en fournira toujours.

fleuves. Les campagnes de ce grand capitaine offrent des exemples que l'on ne peut trop méditer.

Pour finir de la manière la plus instructive le chapitre du passage des rivières, je vais en citer deux exemples : le premier est celui du passage du Lech, en 1632, par Gustave-Adolphe, et le second est celui de la Mulde, par Son Altesse Royale monseigneur le prince Henri ; on trouvera dans ces deux exemples le résumé de tout ce qu'ont fait les plus grands capitaines.

Gustave, résolu de pénétrer dans le cœur de la Bavière, vint camper autour de Nordheim et s'approcha de Lech, rivière sur la droite de laquelle Tilli était campé et s'était retranché avec tant de soin que son poste paraissait inexpugnable. Cependant le roi persista dans le dessein de le forcer, et comme les généraux y voyaient trop de danger, il leur dit : « Quoi ! nous qui avons passé la mer Baltique et tant de grands fleuves en Allemagne, nous craindrions de passer ce ruisseau ! » Il avait observé que le Lech formait un coude dont les bords étaient élevés. Il y fait établir trois grandes batteries qui foudroient les corps avancés de Tilli. Dans le même temps on jette un pont sur la rivière ; 500 Finlandais déterminés le passent, élèvent à la hâte un retranchement à sa tête. Ils sont soutenus par un corps d'infanterie et du canon. Tilli accourt pour attaquer les Suédois avant qu'ils puissent se renforcer ; mais l'infanterie conduite par le roi se formait déjà par brigades; et dans le même temps la cavalerie suédoise ayant découvert un gué, venait de passer la rivière et s'avançait en bon ordre. Le combat s'engagea donc alors avec un égal acharnement. Les vieux soldats de Tilli soutenaient leur réputation, lorsque le général fut blessé mortellement par un boulet de canon, qui lui fracassa la cuisse droite. Ce malheur fit perdre courage à ses troupes; elles plièrent, se retirèrent en désordre, et le roi resta maître du champ de bataille. Le succès d'une entreprise aussi hardie ne put que consterner l'Electeur de Bavière et ses généraux. Ils prirent le parti de la retraite, afin de conserver leurs troupes et de les joindre à l'armée de l'Empereur, qui s'avançait sous les ordres du duc de Friedland. Quant au général Tilli, il fut transporté à Ingolstadt, où il mourut après avoir souffert pendant 15 jours les plus affreuses douleurs; juste punition de l'excessive barbarie avec laquelle il avait fait constamment la guerre. Ce fameux passage du Lech par les Suédois eut lieu le 5 avril 1631. La figure 3 de la planche I offre les détails des mouvements des deux armées.

A. Position du comte de Tilli.

B. Armée du roi de Suède.

C. Batteries établies par Gustave pour protéger son passage, et postes de son infanterie derrière un rideau pendant la construction du pont.

D. Batteries des Bavarois.

E. Pont des Suédois.

F. Retranchement construit par les Finlandais, malgré le feu des ennemis.

G. Volontaires qui vont occuper le retranchement pour écarter les Bavarois et faciliter le passage de l'infanterie suédoise.

H. Infanterie de Tilli, qui arrive pour s'opposer aux Suédois.

I. L'infanterie suédoise, conduite par Gustave, vient combattre celle de Tilli, après le passage du pont. Ce fut à ce combat que ce général fut blessé mortellement.

K. Cavalerie suédoise qui passe le Lech à gué, culbute la cavalerie allemande qui veut s'opposer à son passage et vient soutenir l'infanterie du roi qui combatrait en I.

Il est aisé de remarquer que la position trop en arrière qu'avait prise le général Tilli favorisa beaucoup le passage des Suédois, car, en avant de leur tête de pont, ils eurent de la place pour se former. Si le général Tilli eût mieux saisi les avantages du terrain, qu'il se fût approché plus près du fleuve pour charger tout ce qui aurait voulu déboucher; qu'il eût mieux connu les localités, et conséquemment les gués, je crois que le succès eût été trop douteux pour que Gustave ait osé le tenter.

Passage de la Mulde, pl. II.

A la fin de la campagne de 1761 les ennemis s'étant rendu maîtres du Erzgebirge, S. A. R. monseigneur le prince Henri perdit par là non-seulement la partie la plus fertile de la Saxe, mais encore les quartiers d'hiver les plus commodes pour son armée. Le voisinage des Autrichiens ne permit pas à S. A. R. de songer à la commodité des troupes en les étendant dans la portion de la Saxe qui lui restait. Il fallut les cantonner dans les villages et petites villes les plus à portée, où le soldat passa un hiver d'autant plus dur que, malgré tous les soins du prince, il fut impossible de procurer à l'armée l'abondance et l'aisance. Le pays était tellement appauvri par cette longue guerre qu'il restait à peine aux paysans le nécessaire. Le soldat, réduit à sa simple ration, souffrit beaucoup, mais ne montra pas moins de courage dans toutes les occasions. Le prince résolut de profiter du bon esprit de son armée pour ouvrir la campagne offensivement dès que la saison le permettrait.

Voici le tableau de l'armée du prince :

Bataillons de grenadiers.

1 de Poseck, 1 de vieux Billerbeck, 1 de jeune Billerbeck, 1 de Woldeck, 1 de Behr, 1 de Carlowitz, 1 de Lossow, 1 de Heilsberg, 1 d'Oppen, 1 de Kenitz, 1 de Natalis.

Total, 11 bataillons.

Régiments de ligne.

Hulsen.	Goltz.	Dierke.
Bevern.	Lehwald.	Le Grand.
Vieux Stutterheim.	Queisz.	Sallmuth.
Jeune Stutterheim.	Grabow.	Tobel.
Manteufel.	Linden.	

Total, 28 bataillons.

Deux régiments de garnison.

Vieux Sydow. } 4 bataillons.
Jeune Sydow. }

Total, 32 bataillons.

Infanterie légère.

Quintus.	Heer.	Lüderitz. [de Kleist]
Collignon.	Geschrei.	Les Croates verts

Le Noble.	Schack.
Jenney.	Bequignol.
	Total, 10 bataillons.

Cavalerie.

Le régiment du Corps	5	escadrons.
Les Carabiniers	5	—
Le régiment Marggraf Frédéric	5	—
Schlabberndorf	5	—
Schmettau	5	—
	25	escadrons.

Dragons.

Meyer	10	escadrons.
Krokow	5	—
Piettenberg	5	—
Jeune Platten	5	—
Les dragons francs de Kleist	5	—
	30	escadrons.

Hussards.

Kleist	10	escadrons.
Dingelstadt	10	—
Hussards francs	3	—
	23	escadrons.

Les 15 escadrons de Delling ne vinrent qu'au mois de juillet. Beaucoup de corps de cette armée n'étaient pas complets.

Telles étaient toutes les forces avec lesquelles S. A. R. devait résister à l'armée autrichienne qui était composée de 38 bataillons d'infanterie, 10 bataillons de grenadiers, 9 bataillons de Croates, 110 escadrons de cuirassiers et dragons, 11 compagnies de carabiniers, 38 escadrons de hussards et uhlans; l'armée d'Empire, qui devait s'y joindre pour agir conjointement, se montait à 38 bataillons d'infanterie, 10 escadrons de cuirassiers et 12 escadrons de hussards.

Le feld-maréchal Serbelloni, qui, la campagne précédente commandait l'armée de l'empire, était le général en chef des deux armées réunies. Le prince de Stolberg commandait l'armée de l'empire.

La situation dans laquelle l'armée du prince Henri s'était trouvée pendant tout l'hiver n'était pas inconnue à l'ennemi ; les nouvelles qu'il en recevait journellement par les déserteurs et ses espions, confirmaient le feld-maréchal Serbelloni dans l'idée que le prince Henri ne pouvait penser qu'à la défensive la plus stricte, et que bien loin d'ouvrir la campagne, cette armée ne serait pas avant deux mois en état de faire le moindre mouvement, ayant besoin de ce temps pour recruter les régiments, acheter des chevaux pour l'artillerie, etc. En un mot, que le prince Henri se trouverait bien heureux si on le laissait sans l'inquiéter.

En quelque mauvais état que fût l'armée du prince, ces nouvelles étaient cependant exagérées, et c'est ce qui lui fut utile. Le maréchal Serbelloni, qui outre son goût pour la défensive avait ordre de ne rien hasarder, se tenait d'autant plus rassuré par ces détails, qu'il ne trouvait point encore son armée suffisante pour tenir tête au prince.

Quand le gros de l'armée de l'empire fût arrivé à Chemnitz (le 20 avril) et que quelques régiments furent entrés à Freyberg, le maréchal Serbelloni crut d'autant moins avoir à craindre quelque entreprise, qu'il était peu vraisemblable que le prince Henri avec une armée aussi faible pût penser à ouvrir la campagne d'aussi bonne heure; c'est pourquoi le maréchal Serbelloni ne changea rien aux emplacements de ses troupes. Il laissa la chaîne des avant-postes telle que l'avait tracé le maréchal Daun à la fin de la campagne précédente, quoique le nombre des troupes n'en fût nullement proportionné à l'étendue. Elle s'étendait de Nossen par Dobeln jusqu'à Grimma.

Les Prussiens, bien loin de vouloir éveiller la méfiance du maréchal Serbelloni, firent au contraire tout ce qu'ils purent pour l'entretenir dans l'idée qu'ils étaient trop faibles pour penser à entreprendre quelque chose, la jonction de l'armée de l'empire lui donnant une trop grande supériorité. Le prince Henri, pour cet effet, faisait dans ses quartiers des mouvements qui devaient faire croire à l'ennemi qu'il avait l'intention de rassembler toutes ses forces entre Meissen et les Katzenhausern ; d'un autre côté quelques bataillons s'avançant de Oschatz à Grimma, pouvaient faire craindre une irruption dans le pays d'Altenburg. Mais tous ces mouvements n'étaient que des feintes ; le véritable projet du prince était de percer la ligne des avant-postes ennemis entre Rosswein et Dœbeln, de s'ouvrir par là un chemin vers le Erzgebirge, et de s'opposer à la jonction de l'armée de l'empire avec les troupes autrichiennes près Dresde.

Pour mieux assurer la réussite de son projet, le prince Henri résolut d'attendre l'arrivée du brigadier Billerbeck, qui lui amenait 5 bataillons d'infanterie et le régiment des dragons de Plattenberg. Ce renfort étant arrivé le 9 mai auprès de Oschatz, l'exécution de l'entreprise fut fixée au 12 du même mois.

Les Autrichiens avaient établi le long de la Mulde, depuis Rosswein jusqu'à Leisznig, une chaîne d'ouvrages qui étaient garnis de troupes, le tout était sous les ordres du général de Zetwitz. Pendant le jour les retranchements était faiblement occupés, mais vers minuit, tout le détachement, fort d'environ 3000 hommes, entrait dans les ouvrages et y restait jusqu'à sept heures du matin. A cette heure, si les Prussiens ne tentaient rien, les troupes rentraient dans les quartiers, ne laissant aux ouvrages que les faibles postes dont nous avons parlé.

Le prince Henri, pour mieux éloigner tout soupçon de l'entreprise qu'il méditait, fit marcher vers les Katzenhausern plusieurs régiments d'infanterie et de cavalerie, partie pour y camper, partie pour cantonner dans les villages des environs. Le général Stutterheim le jeune marcha le 10 mai à Niegel avec le corps qui avait passé l'hiver aux environs de Grimma. Cinq escadrons du régiment de Meyer joignirent le corps du général Stutterheim l'aîné, qui était avec les troupes sous ses ordres dans les villages aux environs du Petersberg, non loin de Dœbeln. Le deuxième bataillon du régiment de le Grand, campa aux Katzenhausern. Les ennemis eurent bien connaissance de ces mouvements, mais comme ils semblaient se diriger sur Meissen, ils n'en conçurent aucune jalousie, et crurent que Son Altesse Royale viendrait avec son armée occuper les camps auprès des Katzenhausern et de Schlettau.

Le 11 au matin, les troupes destinées à l'attaque

reçurent ordre de se réunir l'après-dîner sur leur place de rassemblement, d'où elles devaient se rendre à leurs postes respectifs de manière à y arriver à l'entrée de la nuit pour y attendre tranquillement le signal de l'attaque. Les troupes étaient partagées en 4 colonnes : la première commandée par le général Seidlitz, se rassembla entre Moikerwitz et Zschernitz. Son avant-garde était composée de 200 volontaires commandés par le capitaine Pfuhl, et des bataillons de grenadiers de Billerbeck et de Woldeck. Les volontaires avaient la tête de l'avant-garde et étaient suivis de quelques charrettes destinées à être placées dans le lit de la rivière et couvertes de planches, pour servir de pont et faciliter le passage de l'infanterie. La cavalerie suivait cette colonne qui passa la nuit auprès de Zscheplitz.

La seconde colonne, forte de 9 bataillons, était sous les ordres du lieutenant-général de Kanitz; elle avait un obusier et 4 pièces de 12 légères. Cette colonne demeura pendant la nuit dans un fond auprès de Zscheplitz. Le brigadier Billerbeck marcha seul avec l'artillerie à Gorlitz pour y attendre le moment de l'attaque. Il avait ordre, aussitôt qu'elle commencerait, d'établir ses batteries sur les hauteurs de Bauchlitz et de tirer sur les retranchements ennemis.

La troisième colonne était commandée par le général Stutterheim l'aîné; elle était forte de 500 volontaires, des chasseurs de Kleist, de 4 bataillons d'infanterie et avait 2 obusiers et 7 canons de 12 légers. Cette colonne se rassembla à onze heures du soir auprès de Tschackwitz. Quand toutes les troupes y furent réunies, le major Witke à la tête des volontaires et des chasseurs de Kleist s'avança jusqu'à Sormitz, où il se tint caché dans un fond. Le major d'Egloffstein avec un bataillon du régiment de Goltz, 1 obusier et 7 canons, marcha à Pomlitz, où il passa la nuit dans le plus grand silence, caché dans le chemin creux qui conduit de Pomlitz à Bauchlitz. Le général Stutterheim s'avança encore avec le reste de sa colonne jusqu'auprès de Doebeln, où il demeura dans un fond. Au moment de l'attaque, le major d'Egloffstein avait ordre d'emplacer son artillerie dans un ouvrage que les Prussiens avaient construit l'hiver pour leur sûreté, auprès de la maison rouge. Le reste de l'artillerie du général Stutterheim devait se porter sur la hauteur de la Justice, auprès de Doebeln et inquiéter vivement l'ennemi. Cette colonne avait aussi un pont roulant.

La quatrième colonne était composée d'un bataillon de Croates de Kleist, d'un bataillon franc de Luderitz, de 5 escadrons de dragons de Meyer et de 4 escadrons de hussards francs de Kleist; auxquelles troupes se joignit le bataillon des grenadiers de Behr, avec 8 canons de 12 et un obusier. Cette colonne était sous les ordres du colonel Kleist ; elle reçut ordre de se rassembler entre Kobelsdorff et Nauslitz et d'y passer la nuit. Dès le commencement de l'attaque, elle devait poster son artillerie sur les hauteurs entre Mahlitch et Hermersdorff pour canonner vivement les retranchements ennemis.

D'après le plan de S. A. R. Monseigneur le prince Henri, toutes les colonnes devaient se tenir embusquées dans leurs emplacements respectifs jusqu'au lendemain 12, à sept heures du matin, où les renforts qui soutenaient toutes les nuits les avant-postes ennemis étatent rentrés dans leurs quartiers. Au signal pour l'attaque, qui devait être donné à cette heure par un coup de canon tiré de Technitz, l'artillerie devait être démasquée avec célérité, et les troupes de toutes les colonnes, sortant vivement de leurs emplacements, devaient passer la Mulde, partie sur les ponts roulants, partie sur les ponts qui étaient sur les lieux et même à gué, pour attaquer les deux flancs et le centre de la position ennemie.

Toutes les colonnes se rendirent à leurs postes et y passèrent la nuit sans être découvertes. Mais vers la pointe du jour les chasseurs de Kleist et ses Croates verts s'étant laissés apercevoir sur les bords de la

Mulde, il s'engagea une fusillade entre eux et les ennemis qui fit soupçonner quelques entreprises aux avant-postes autrichiens. Le colonel Kleist, craignant avec raison que les ennemis ne pussent se renforcer et prendre des précautions capables de faire échouer l'entreprise, fit sans perdre de temps donner le signal de l'attaque par un coup de canon. Les circonstances ne permettaient plus d'attendre celui que la colonne du général Seydlitz devait donner de Technitz.

A ce coup de canon, toutes les colonnes suivant leurs instructions débouchèrent et s'avancèrent sur les bords de la Mulde; le général Seydlitz la passa à Technitz; le général Kanitz à Bauchlitz; le général Stutterheim à Sormitz, et le colonel Kleist avec ses troupes légères entre Mahlitsch et le moulin de Grünrode. Les ennemis avaient leurs principaux retranchements sur la hauteur auprès de Kreüsing entre Doebeln et Ebersbach, sur celle de Stockhausen et Forklitz vis-à-vis le pont de Bauchlitz et auprès de Marsdorff. Tous ces ouvrages étaient à gorge ouverte. Le feu d'artillerie des deux partis fut très-vif. Lorsqu'il commença les troupes ennemies qui avaient pendant la nuit garni les ouvrages, et qui peu auparavant s'en étaient retournées à leurs quartiers, revinrent sur-le-champ à leurs postes. Mais il était trop tard.

L'ennemi entouré par les colonnes du général Seydlitz et du colonel Kleist, surpris partout dans ses quartiers mêmes, ne put résister longtemps. Il se retira en désordre et avec précipitation, crainte d'être coupé de la grande armée, qui était postée entre Dresde et Freyberg. Le feu des retranchements ennemis ne dura pas longtemps, il n'y eut que le général Zeitvitz qui se défendit avec opiniâtreté, mais qui fut à la fin forcé de se rendre. Dans les dispositions données aux généraux prussiens, ils avaient ordre aprés avoir forcé l'ennemi de réunir les divers colonnes sur les hauteurs au-delà de Knobelsdorf. Le camp y fut pris, la droite à ce village, la gauche près Lütdorff; les troupes légères furent poussées jusqu'à Greisendorff.

Telle est la relation exacte de cette expédition. S. A. I. m'a fait l'honneur de me la détailler ellemême, c'est sous ses yeux que j'ai tracé le plan que j'en donne. Malgré tous les éloges que mérite cette manœuvre, S. A. R. avait la modestie d'avouer qu'elle avait eu tort de camper à Knobelsdorf, qu'elle aurait dû marcher plus en avant, que cette faute l'avait empêché de retirer beaucoup d'autres avantages.

Explication des lettres qui se trouvent sur le plan VIII.

A. position du général Seydlitz.

B. position du général Kanitz.

C. position du général Stutterheim.

D. position du colonel Kleist.

Le colonel Kleist qui passa la Mulde en E et F tourna les retranchements ennemis et rencontrant un de leurs bataillons à Lüttdorff le fit prisonnier avec le général Zeitvitz et 2 canons. Les chasseurs de Kleist qui avaient passé près de Sormitz et attaqué l'ouvrage G, y prirent un canon et firent beaucoup de prisonniers. A Olzdorff, H, le colonel Kleist fit un second bataillon ennemi prisonnier et prit à Greisendorff une paire de timbales.

Pendant ce temps-là le général Seydlitz passa la Mulde en I, le général Kanitz en K, et le général de Stutterheim en L, le major Jeney alarma l'ennemi auprès de Rosswein et le lieutenant-général de Hülsen le tint en échec auprès de Nossen pour l'empêcher de rien détacher sur les derrières de la colonne du colonel Kleist.

M, camp après l'affaire.

Passage de rivière en retraite.

De toutes les opérations nécessaires, la plus délicate serait peut-être celle dont on vient de parler, dit M. de Clairac, si l'on était quelquefois obligé de repasser des rivières en présence de l'ennemi, et par conséquent à portée d'en être chargé en queue, dans un temps où une partie de l'armée ne peut plus être secourue par l'autre. Peu d'auteurs ont traité de cette matière importante. M. de Feuquières veut qu'on se renferme dans de bonnes lignes dont les extrémités, appuyées à la rivière, soient flanquées du feu de quelques grosses redoutes placées sur la rive opposée; que les ponts, car il en suppose plusieurs, et l'on ne peut effectivement trop en avoir dans une situation si critique, que les ponts, dis-je, soient d'ailleurs enveloppés d'un second retranchement bien garni d'infanterie et cela indépendamment d'un redan, qui, pour faciliter la levée de ces ponts, peut couvrir la queue de chacun d'eux en particulier.

Voici les précautions qu'il prescrit d'ailleurs : Les gros et menus bagages, dit-il, doivent avoir précédé d'un temps considérable la marche de l'armée; la cavalerie doit aussi précéder la marche de l'infanterie; la première infanterie qui passe la rivière doit être postée et retranchée sur l'autre bord, dans des redoutes qui doivent protéger les flancs de l'armée. Il faut dérober sa marche, afin que l'ennemi, n'en prenne pas le moment pour vous attaquer, parce que le désordre est fort à craindre en pareil cas. Si l'ennemi est à la vue du camp, il ne faut marcher que de nuit, après pourtant que les seconds retranchements, les redans et redoutes auront été garnis de jour pour éviter le désordre.

C'est sur ces instructions que je dresserai le projet que je vais rapporter[1], mais je ne crois pas devoir m'y conformer bien scrupuleusement.

Ces ouvrages inscrits l'un dans l'autre, et par conséquent de différente capacité, sont évidemment faits pour que celui où les troupes se retirent successivement, à mesure qu'elles diminuent en nombre, puisse être suffisamment garni; car lorsqu'il ne reste plus, par exemple, que six ou huit bataillons, il est clair qu'ils seraient forcés dans le vaste retranchement qui contenait toute l'armée, au lieu qu'ils sont en état de se soutenir dans les têtes ou redans de ponts. Or je trouve que la différence de capacité de la ligne à ces pièces est trop grande pour qu'un seul retranchement intermédiaire suffise.

Si l'on n'était pas maître de l'autre rive, ce qui est rare et supposerait une grande supériorité de troupes à l'ennemi, il ne serait plus question seulement de repasser une rivière; à la difficulté de cette opération il se joindrait encore celle d'un passage de vive force. Mais comme ce n'est pas le cas dont il s'agit, les redoutes que M. de Feuquières propose d'y élever ne sont propres qu'à assurer la tête des ponts contre la

1. M. de Clairac, dans l'*Ingénieur de Campagne*.

surprise. L'on doit donc leur préférer, ou plutôt y ajouter (car cette précaution est toujours bonne) une simple ligne qui formera la communication de la droite à la gauche et flanquera d'un bien plus grand feu tout ce qui sera à sa portée.

Je passe au projet que je viens d'annoncer ; je suppose non-seulement, avec M. de Feuquières, que l'on s'est débaraassé généralement de tous ses équipages, mais encore que l'on a fait passer ce que l'on juge avoir de trop de cavalerie avec l'infanterie destinée à border le retranchement de l'autre rive. Cette infanterie peut n'être que de 4 bataillons; je la suppose de 6.

Si l'on craint de trop s'affaiblir par ces détachements, l'on attendra pour les faire partir que la ligne extérieure, mise en un certain état de défense supplée à cette diminution de forces (Fig. 4, pl. I.)

Ce retranchement et les divers ouvrages qu'il doit contenir étant achevés, la troisième ligne commencera la retraite, et sera suivie de la seconde.

Ce mouvement se fera de nuit, pour en dérober la connaissance à l'ennemi. Cependant s'il le découvrait, et qu'il prît ce moment pour attaquer, ce qu'il ferait par le centre, pour éviter le feu du retranchement d'au-delà de la rivière, l'infanterie des extrémités de la ligne, séparée par les traverses, devrait abandonner son poste pour remplacer la cavalerie dans la partie du centre.

Mais si tout reste tranquille, 12 bataillons (supposé) défileront successivement, 4 par chaque pont. Les 6 bataillons en colonne du reste du retranchement se mettront ensuite en marche.

L'on peut, pour plus grande sûreté, ne déplacer ces troupes qu'alternativement, c'est-à-dire, de 2 corps l'un, afin que ce qui en reste puisse, en s'étendant, border le parapet. Elles peuvent même se dédoubler.

L'on n'occupera donc plus alors que les redans et les retranchements qui s'y appuient. On les évacuera de même en commençant par ces retranchements, et on ne laissera dans chaque réduit que deux compagnies de grenadiers, qui, d'abord que l'on aura replié ou coupé les ponts, se retireront dans des bateaux garnis de perches et de rames, et tirés d'ailleurs de l'autre bord chacun par 2 ou 3 cordes.

Ces réduits doivent être formés par deux rangs de palissades, éloignés d'un pied et fortifiés, si on le juge à propos, d'une troisième file de palissades inclinées. L'on voit que les troupes, occupant par degrés des retranchements proportionnés à leur diminution, sont toujours en état de les garnir et par conséquent de les défendre. Elles seront d'ailleurs vigoureusement soutenues du feu de l'autre bord de la rivière, dont les batteries découvrent de près les flancs de la ligne, les traverses et les redans. Ces dernières pièces, ainsi que leurs réduits, sont encore flanquées par la mousqueterie, tant des 6 bataillons, que de ceux qui auront passé avant qu'il ne soit question de les défendre.

Quoique le camp qu'on propose de retrancher ainsi ne suppose que 60 bataillons il suffirait pour 80, en remplaçant par de l'infanterie 20 escadrons de la seconde ligne, à qui l'on ferait repasser la rivière dès que les ouvrages seraient en état de défense. Cette cavalerie se tiendrait, en attendant, à droite et à gauche du retranchement extérieur où elle serait couverte de front par le feu des branches, et en flanc par celui du bord opposé. L'on pourrait d'ailleurs pour plus de précaution y élever quelques redoutes.

Si l'on m'objecte que ce projet exige un grand travail; je répondrai qu'il s'agit du salut d'une armée, et qu'il n'est question, après tout, que d'avoir des outils; car il y a bien plus de troupes qu'il n'en faut pour l'exécuter en bien peu de temps et sans les déplacer. A l'égard du retranchement d'au-delà de la rivière, si l'une des rives est de niveau avec l'autre ou que celle qu'il occupe soit plus élevée, il suffit de le creuser en forme de tranchée en jetant les terres en dehors; ce qui abrège beaucoup. De quelque manière que ce soit on observera de le commencer par ses extrémités, parce que ces parties destinées à défendre les flancs de la ligne extérieure sont celles dont on peut le plutôt avoir besoin. Pour les batteries, loin d'être enterrées, elles doivent être élevées et placées de façon à découvrir au loin en avant. Les figures 5 et 6 de la pl. I, représentent de nouvelles dispositions de retranchements pour couvrir la retraite d'une armée, qui doit repasser une rivière à portée de l'ennemi. Je n'ai pas voulu en multiplier les dessins, parce qu'il est impossible de prévoir toutes les formes que les localités peuvent prescrire.

Supposons maintenant qu'une armée fût à 2 ou 3 milles en avant de la rivière et que la retraite fût forcée et résolue. Il faut d'abord avant tout renvoyer les bagages et le train au moins un jour d'avance et leur faire passer les ponts; ensuite l'on fait occuper par les batteries du plus gros calibre du parc les bords de la rivière au-delà des ponts; on les place de la manière la plus avantageuse, soit pour couvrir la retraite de l'armée et flanquer le retranchement, soit pour pouvoir découvrir en avant de la rivière et être à même de tirer et d'atteindre de plus loin sur les colonnes de l'ennemi débouchant pour poursuivre l'armée et l'attaquer. Ces premiers préparatifs terminés, l'armée songe à se retirer, et se met en marche la nuit dans le plus grand silence pour échapper à la vigilance de l'ennemi, afin qu'à la pointe du jour l'armée ou la plus grande partie ait déjà repassé les ponts ou qu'au moins on y soit arrivé avant d'être talonné par l'ennemi. Comme la cavalerie est plus lente à défiler, il faut lui faire prendre les devants quelques heures d'avance. Le moment de son départ doit être déterminé par le plus ou moins de difficultés du pays à traverser et le temps qu'il lui faudra pour passer les ponts; car elle doit être déja repliée au-delà de la rivière, lorsque les colonnes d'infanterie y arriveront. On ne garde que peu ou point de cavalerie pour l'arrière-garde, les localités en indiquent la proportion. L'infanterie se met en marche par lignes. Ces deux colonnes se replient à travers le grand retranchement pendant que quelques bataillons en garnissent les parapets.

Si l'ennemi poursuit avec sa cavalerie, l'infanterie ne doit pas s'arrêter, mais continuant sa marche dans un ordre serré, elle doit se contenter d'en imposer à l'ennemi par le feu de quelques batteries soutenues de tous les tirailleurs et chasseurs de l'armée. L'artillerie à cheval est très-utile dans ces occasions; il me semble que l'on pourrait en mettre une batterie à la queue de chaque colonne. Ces batteries se retirant alternativement ne laisseraient jamais sans protection les queues des colonnes. Le plus ou moins de vivacité de la poursuite de l'ennemi et la nature du terrain décideront du nombre des pièces, car on pourrait encore en établir dans l'entre-deux des colonnes, que l'on fera toujours bien d'occuper avec quelques bataillons de grenadiers. Les deux lignes une fois au-delà de la rivière, l'arrière-garde se repliera comme nous l'avons dit plus haut.

Supposé que l'ennemi arrive avec son infanterie et attaque le retranchement avant que toutes les troupes des colonnes aient défilé sur les ponts et même qu'il se trouve encore quelques bataillons hors du grand retranchement. Les batteries de l'autre rive feront le plus grand feu, les bataillons qui garnissent les parapets de cet ouvrage doivent en seconder les effets par celui de la mousqueterie. En attendant les troupes arriérées se forment, font face à l'ennemi et défilent successivement. On garnit les têtes de pont intérieures quand tout est replié, l'arrière-garde abandonne le grand retranchement et le reste de la retraite s'effectue comme nous l'avons déjà dit.

L'usage des grands retranchements pour assurer la retraite d'une armée qui repasse une rivière en présence ou à portée de l'ennemi me semble cependant ne devoir être employé qu'avec discernement, car dans bien des circonstances ils pourraient être préjudiciables. Si l'ennemi ne les attaque point ils sont superflus, et s'il les attaque voilà vos troupes arrêtées. S'il les force quelque part, le soldat qui comptait sur cette barrière se croit perdu. C'est pourquoi je ne voudrais que quelques redoutes ou autres ouvrages détachés pour laisser aux troupes toute liberté dans les mouvements que nécessiteraient les circonstances. M. de Maizeroy est du même sentiment, il l'appuie par le récit de la retraite des Turcs sur la Theisse. Voici comme il en rend compte.

« En 1692 les Turcs ayant résolu de passer la « Theisse, le prince Eugène se mit à leurs trousses « dans le dessein de les combattre pendant qu'ils « seraient occupés à ce passage. Il les atteignit « dans le temps qu'ils commençaient à défiler. Le « Grand-Seigneur, qui commandait son armée en per- « sonne, s'était déjà mis en sûreté au-delà de la cava- « lerie ; le reste était demeuré sous les ordre du Visir « dans les retranchements qui couvraient la tête du « pont. Il y avait deux enveloppes, dont l'extérieur « était assez grande pour contenir toute l'armée. Elle « était formée d'un fossé bordé d'une double enceinte « de chariots garnis de près de 100 pièces de canon. « Le prince Eugène, qui s'avançait en pleine bataille, « ne perdit pas un moment, il fit déployer sa droite et « sa gauche pour embrasser toute l'étendue du retran- « chement et faire plusieurs attaques en même temps. « La cavalerie turque voulut sortir à la droite le long

« de la Theisse pour charger la droite des Impériaux; « mais on lui présenta au débouché quelques pièces « d'artillerie avec quatre bataillons et autant de régi- « ments de cavalerie qui la firent rentrer. Après une « heure de combat les Turcs furent forcés et poursui- « vis dans le retranchement intérieur, où les Impériaux « entrèrent avec eux. Le passage du pont fut bientôt « engorgé par la foule, et les fuyards furent obligés « de se jeter dans la Theisse ou de se laisser égorger. « Presque toute cette partie de l'armée ottomane y « périt. Il est aisé de juger que si les Turcs, au lieu « d'un mauvais retranchement, avaient pris le parti « de faire des redoutes, ils auraient eu le temps de « les perfectionner; leur cavalerie aurait débouché en « bataille pour charger. Le prince Eugène, inférieur « de près de deux tiers, n'eût jamais osé s'étendre « comme il le fit et former le demi-cercle afin d'em- « brasser tout le front de l'enveloppe. Il ne put faire « cette manœuvre sans se dégarnir dans plusieurs « endroits et laisser entre son centre et ses ailes de « grands intervalles. Il se développa tout à son aise « dans la plaine de Zenta, qui était le théâtre de « cette action, pendant que les Turcs renfermés ne « pouvaient le punir de mouvements aussi hasar- « deux. »

Ainsi à moins de circonstances très-impérieuses,

voici la conduite qu'il me semblerait préférable de tenir.

Quand un général aura résolu de repasser une rivière, et qu'il pourra craindre d'être inquiété par l'ennemi, il fera faire plusieurs redans sur le front de la seconde ligne et réglera ensuite son ordre de marche de la manière suivante.

Les troupes de seconde ligne étant en bataille derrière ces redans pour faire face à l'ennemi, celles de première ligne passeront par les intervalles pour aller se former derrière la seconde, sur autant de colonnes qu'il y a de ponts, la cavalerie passant la première. La première ligne ayant passé se déploiera sur la rive pour protéger de son feu la seconde, qui, se formant en plusieurs colonnes à la faveur de cinq ou six redoutes occupées en arrière par la réserve, ira gagner et passer les ponts. La réserve se repliera à son tour, protégée par la garnison des ouvrages construits immédiatement devant les ponts, et qui sont toujours indispensables.

Il est très-essentiel d'occuper, en se retirant, assez de terrain pour que l'ennemi soit forcé à marcher sur vous avec toutes ses forces; on gagne par ce moyen beaucoup de temps dont on se sert pour passer les ponts; il ne faut pas oublier de composer l'arrière-garde de troupes d'élite.

Si l'armée a des défilés à traverser pour aller gagner ses ponts, il faut construire quelques retranchements à l'entrée et à la sortie de ces défilés, ce qui assurera la retraite. Dans tous les cas l'arrière-garde divisée en autant de corps qu'il y a de ponts les passe à la faveur d'une cinquantaine d'hommes qu'elle laisse dans les ouvrages qui couvrent les ponts. Dès que cette arrière-garde, précédée de l'artillerie qui était dans ces ouvrages, a passé la rivière, on replie les ponts s'ils sont de bateaux ou de radeaux; et les hommes qu'on a laissés dans les ouvrages à la tête de chaque pont se jettent promptement dans les bateaux qui sont tout prêts pour les recevoir. Dès qu'ils y sont entrés ils tâchent de gagner l'autre bord. Il faut faire en sorte que, parmi les soldats qui se retirent les derniers, il y en ait qui sachent conduire les bateaux, afin d'être menés avec plus de fermeté par des gens qui ne soient pas effrayés des coups de fusil que les ennemis ne manquent pas de leur tirer. Quelquefois ces détachements qu'on laisse dans ces ouvrages avancés sont pris, mais il vaut mieux encore hasarder cette perte que celle d'un équipage de pont. Quand les ponts sont sur pilotis, l'on fait garnir le dessous des traverses de matières combustibles, et dès l'instant que toutes les troupes sont retirées, des soldats intelligents qui sont dans des petits bateaux y mettent le feu avec des artifices. Si le pont est de pierre, on a la précaution de miner quelques piles, et on met le feu aux poudres d'abord après la retraite des troupes.

Quand des troupes poursuivies par l'ennemi veulent repasser une rivière à gué, l'artillerie et l'infanterie passent les premières et se forment de droite et de gauche du gué pour protéger la retraite de la cavalerie. Si l'ennemi est en force, l'on doit rompre le gué tout de suite après le passage des troupes pour qu'il ne puisse pas s'en servir. Si, par un événement bien rare, une armée était dans le cas de repasser une rivière ayant l'ennemi en delà, prêt à charger si elle se retire, et l'ayant sur le bord opposé prêt à l'empêcher de passer; elle doit pour lors se retrancher et tâcher pendant la nuit de surprendre l'ennemi qui est de l'autre côté, pour pouvoir établir un pont et retrancher la tête par un ouvrage capable de contenir un détachement assez fort pour s'y soutenir jusqu'au moment que le général pourra trouver la possibilité de faire passer le reste de l'armée. Il faut réunir ses forces sur la rive où il est le plus important de se maintenir et où l'on a le plus de probabilité de pouvoir attaquer l'ennemi avec succès: au reste il est bien difficile, pour ne pas dire impossible, de donner des règles positives pour une semblable position.

La manière dont l'armée française, commandée par

M. le prince de Conti, a repassé le Rhin en 1745 est un si bel exemple à suivre que je me serais contenté d'en offrir le simple récit comme l'ensemble le plus régulier de l'application des règles, si les circonstances aussi variées que les localités ne m'avaient pas forcé à entrer dans le détail de diverses autres suppositions. Voici une relation de cet événement dressée sur ce qu'écrivit un témoin oculaire[1].

L'aile droite de l'armée française appuyée au ruisseau et marais d'Hoffheim était couverte de redans de grandeur à contenir chacun un bataillon. L'on occupait d'ailleurs le village de Bobstatt, à portée duquel sont les seuls débouchés par où l'ennemi pouvait entrer dans la plaine. La gauche appuyée à des marais impraticables et couverte par la petite rivière de Weischnitz n'était accessible que par la chaussée et le pont de Wattenheim, gros village vers l'extrémité de la ligne.

Pendant que l'on élevait les redans de la droite et quelques autres vers Bobstatt, on construisit cinq redoutes, à quelque distance de la queue des deux ponts que l'on avait jetés au-dessus du Rhein-Türkheim. Ces redoutes étaient disposées de manière que l'ennemi ne pouvait pénétrer qu'après les avoir toutes forcées; ce qui était d'autant plus long qu'elles étaient

1. Le chevalier de Clairac, neveu de l'auteur de l'*Ingénieur de Campagne*, du livre duquel j'ai extrait cette relation.

bien gardées, se soutenaient et ne pouvaient être attaquées que les unes après les autres.

Ces différents ouvrages étant achevés, le lendemain au point du jour quelques troupes de cavalerie, un régiment de hussards et les compagnies franches furent se mettre en bataille entre Bobstatt et le ruisseau; et la brigade de Bretagne infanterie, destinée à faire l'arrière-garde, se posta dans les haies au-delà Nordheim, après quoi l'armée, qui était avant le jour en bataille à la tête du camp, commença à défiler sur cinq colonnes, trois d'infanterie par bataillons de front et deux de cavalerie. L'artillerie, divisée en quatre parties, était dans les intervalles.

Les troupes qui gardaient les défilés de Bobstatt s'étant ensuite mises en marche, un détachement de 6000 hussards, Croates ou Pandoures, commandé par le général Trips, les attaqua et fit même plier quelques escadrons qui se rejettant sur les autres les mirent en désordre; mais le tout se rallia bientôt derrière un renfort de cavalerie que l'on y envoya du corps de l'armée, et qui rejoignit sa colonne après avoir arrêté les ennemis. Ils furent encore moins heureux sur leur droite. Ceux qui passèrent à Wattenheim, quand on l'eut abandonné, furent vigoureusement repoussés devant Nordheim; après quoi ayant entrepris de suivre les troupes qui se retiraient de ce poste, le feu des premières redoutes les arrêta et la brigade de Bretagne faisant brusquement volte-face, les reconduisit, la baïonnette dans les reins, jusqu'à ce village.

Cependant l'armée défilait tranquillement. Lorsque le corps de bataille et l'artillerie furent au-delà du Rhin, l'arrière-garde le passa, ainsi que les gardes des redoutes que l'on évacua successivement. Il ne resta au-delà de la rivière que 15 compagnies de grenadiers qui bordaient le retranchement de la queue des ponts. Ils en sortirent alors, à l'exception de 100 hommes qui y restèrent jusqu'à ce que ces ponts furent repliés; ce qui s'exécuta très-vite, mais avec peu de succès : la violence du vent et du courant ayant rompu les câbles, on fut obligé de brûler une partie des bateaux.

Dès que les ponts furent à une certaine distance du bord, les 100 hommes mirent le feu aux portes, c'est-à-dire aux amas de fascines et d'autres bois goudronnés dont on venait de les masquer; ce qui empêchant qu'on n'y passât, donna le temps à cette petite troupe de s'embarquer dans les bateaux qui l'attendaient.

Cette belle retraite, faite en 8 heures, sans la moindre confusion, ne coûta au plus que 200 hommes, tant tués que blessés ou prisonniers, et les ennemis y en perdirent plus de 1000.

Il n'y a, je crois, guère d'exemples que l'on ait

passé en plein jour une rivière telle que le Rhin, suivi d'une armée aussi considérable, soutenue d'autant de troupes légères, avec tant d'ordre et si peu de perte. Le choix du camp, l'attention à s'emparer successivement de tous les postes favorables, la disposition des troupes toujours à portée de se soutenir mutuellement, celle de l'artillerie, des ouvrages, enfin bien d'autres circonstances de détail que les bornes que je me suis prescrites m'obligent à supprimer, tout caractérise bien le général expérimenté.

« Les 5 redoutes, capables par leur position de couvrir un corps nombreux, faisaient en quelque sorte, dit M. de Clairac[1], l'effet de ma ligne extérieure; les ponts étaient embrassés par une seule pièce, mais de grandeur et même de figure à tenir lieu de deux redans et du retranchement intermédiaire. La courtine en était brisée, parce que les parties saillantes étaient si éloignées l'une de l'autre qu'on avait besoin de ces nouveaux flancs ; enfin deux batteries sur la rive opposée défendaient l'accés de cette tête.

« Ces ouvrages, bien moins considérables par leur étendue que par la sagesse de leur disposition, suffisaient donc pour assurer la retraite d'une armée brillante, bien conduite, pleine de confiance et de cou-

1. Dans son livre intitulé l'*Ingénieur de Campagne.*

rage; ainsi ce que l'on pouvait faire de plus aurait été de trop. Mais s'il m'est permis de dire ce que je pense, je crois que M. d'Artus, ingénieur en chef qui les dirigeait, ne s'en serait pas tenu là s'il avait été question d'une armée battue, découragée, et où l'on aurait eu par conséquent à craindre que l'ordre ne se fût pas maintenu exactement. Or, dans ce dernier cas, je pense que mon projet de grands retranchements serait plus convenable. »

Au reste, un passage de rivière en retraite est une opération si délicate que, à moins de la nécessité la plus absolue, il ne faut point l'exécuter trop à portée de l'ennemi ; il faut tâcher, par des marches et des contre-marches, de lui faire prendre le change et masquer tellement ses mouvements que l'on puisse entreprendre sa retraite et l'exécuter avant qu'il puisse la troubler.

Des armées obligées de combattre ayant une rivière à dos.

Une armée obligée de combattre une rivière à dos est dans une situation fort critique, surtout lorsqu'elle a peu de ponts pour se retirer ; alors son seul espoir gît dans le gain de la bataille ; c'est un de ces cas où il faut vaincre ou périr. Les dispositions dans une telle circonstance méritent la dernière attention, car la moindre faute peut avoir les suites les plus funestes.

Il ne faut ranger une armée, dans l'ordre parallèle, une rivière à dos, que quand il est possible de s'éloigner des bords, de manière qu'elle ait assez d'espace pour manœuvrer librement. L'observation de ce principe est d'autant plus importante que, si les troupes étaient poussées ou qu'elles perdissent du terrain, elles seraient exposées à être massacrées ou à se jeter dans l'eau faute de place pour se remuer. On doit également avoir attention de ne pas éloigner l'armée de la rivière au point de lui faire perdre l'avantage d'y appuyer ses flancs. Il résulte de ce qu'on vient de dire qu'on doit préférer, pour une armée dans le cas de combattre une rivière à dos, les dispositions obliques aux parallèles.

Il faut, lorsqu'on combat une rivière à dos, faire la disposition de manière que l'ennemi ne puisse joindre que le centre de l'armée et lui refuser obstinément les ailes, parce que, s'il en battait une, il prendrait en flanc le reste des troupes.

Exemple de disposition parallèle pour une armée obligée de combattre une rivière à dos.

Je suppose qu'un bois 1 se trouve à la droite du champ de bataille, un village 2 au centre et un marais 3 à la gauche. On disposera sur ce terrain l'armée dans l'ordre suivant (Fig. 7, pl. 1) : il faudra garnir le bois 1 d'infanterie 4, dont on couvrira le front par un abatis 5. Un autre abatis 6 empêchera l'ennemi de tourner le flanc droit. Le village 2, défendu par de l'infanterie 7, assurera le centre. Une redoute 8, soutenue par un corps d'infanterie 9, servira d'appui à l'aile gauche. On postera à droite et à gauche du village la cavalerie 10 et de l'infanterie 11. La réserve 12 est pour le village seulement, et celle 13 pour toute l'armée. L'artillerie 14 sera répartie dans le bois 1, le village 2, la redoute 8, et sur le front de l'infanterie 11.

Exemples de dispositions obliques de principe pour une armée obligée de combattre une rivière à dos.

Le chevalier de Folard propose (Fig. 8, pl. I) la disposition suivante pour une armée qui doit combattre une rivière à dos. Il est à remarquer qu'il suppose que la rivière fait un coude dans l'endroit où il range son armée en bataille, et qu'elle a un pont 15 derrière le centre. Il forme d'abord son armée 1 parallèlement à l'ennemi 2. Le centre 3 avec lequel il veut l'entamer est composé d'infanterie rangée en colonnes 4 (selon son système) avec des grenadiers 5 pour leur servir de réserve, et il le fait soutenir par une ligne de cavalerie 6, renforcée par des pelotons d'infanterie 7. Les deux ailes de cavalerie 8, 9, sont elles-mêmes entremêlées de colonnes 10. Lorsque le moment d'attaquer sera venu, il veut que les deux ailes, par un mouvement de conversion en arrière 11, viennent appuyer leur flanc à la rivière. Il place endelà la plus grande partie de l'artillerie 12, avec un corps d'infanterie 13, dont le feu puisse prendre de revers l'ennemi s'il venait attaquer les deux ailes de l'armée.

Le but de cette disposition est (1) d'enfoncer le centre de l'ennemi (2), de tomber sur ses ailes en ordonnant aux troupes appuyées à la rivière de réoccuper leur premier poste, et (3) de se ménager le plus de terrain possible (14) pour exécuter librement les manœuvres que les circonstances peuvent exiger. Examinons si le chevalier de Folard a réussi dans le choix des moyens qui pouvaient le conduire à son but.

1° Il veut faire croire à l'ennemi qu'il a dessein de combattre dans l'ordre parallèle, et cependant il renforce son centre en y entassant colonnes sur colonnes. Il faudrait que le général de l'armée opposée fût aveugle pour ne pas s'apercevoir qu'on menace son centre, et bien imprudent s'il ne prenait aussitôt des mesures capables de rompre celles du chevalier. A l'égard des colonnes c'est la disposition qui convient le moins alors. C'est de toutes les ordonnances la plus sujette au désordre et la plus dangereuse vis-à-vis d'un général qui possède son métier[1]. Si avant d'engager l'action il foudroie les colonnes avec une nombreuse artillerie et qu'il les charge ensuite avec des troupes bien résolues[2], il est sûr qu'il en aura raison. Le centre battu, que deviendront les ailes 8, 9, disposées obliquement comme Folard le propose? Les troupes victorieuses les attaqueront en flanc et par derrière et les battront.

2° Il veut qu'avant le combat les deux ailes 8 et 9 aillent s'appuyer à la rivière par un mouvement de conversion 11, et qu'elle retombent sur celles de l'ennemi (par la même manœuvre) lorsqu'on aura battu son centre. Pour peu qu'on ait vu manœuvrer des troupes, on doit sentir combien un mouvement de conversion d'une aile entière est chimérique. Il prétend que ses ailes deviennent inattaquables par l'infanterie 13 et l'artillerie 12, qu'il place en-deçà de la rivière. Mais si l'ennemi oppose batteries à batteries,

1. Il serait bon d'employer un ordre de bataille en colonnes, ou du moins capable de rompre la disposition de l'ennemi, s'il venait attaquer avec des troupes dont l'ordonnance serait trop mince; mais la disposition de Folard étant défensive, et la prudence ne lui permettant pas de quitter la protection de la rivière, il est probable que l'ennemi n'engagera pas le combat sans avoir pris les mesures qu'il croira capables de lui donner la victoire. Lorsqu'on médite une opération de guerre, on doit supposer des lumières à son adversaire.

2. Les colonnes de Wallenstein à la bataille de Lutzen et celle des Anglais à Fontenoi furent anéanties de cette manière.

et qu'il détache de l'infanterie pour tenir tête à celle du chevalier, elle sera assez occupée à se défendre elle-même; et pendant ce temps-là l'ennemi tombera sur ces ailes, qui paraissaient si bien assurées.

3° La disposition du chevalier de Folard n'est pas la plus propre à ménager le plus de terrain possible 14 dont on a toujours besoin pour exécuter les mouvements quelconques auxquels on est ordinairement obligé durant une bataille; c'est ce que je vais prouver par le dispositif suivant.

Si une armée devait combattre sur le terrain que suppose Folard, voici je crois une disposition plus avantageuse que la sienne (Fig. 9, pl. I). Je rangerais assez près de la rivière l'armée sur deux lignes 1, 2, l'infanterie 3 au centre et la cavalerie 4 sur les ailes. Une réserve de cavalerie 5 soutiendrait chaque aile, et une réserve d'infanterie 6 et de cavalerie 7 le centre. Ce dispositif préliminaire n'annonce rien que de conforme à ce qui se pratique ordinairement. Dès que l'ennemi sera à portée, l'artillerie qui est répandue en avant de la première ligne, celle placée au-delà de la rivière et des troupes éparpillées sur le front feront un feu continuel, afin de cacher par la fumée les mouvements nécessaires pour changer la disposition et empêcher l'ennemi d'approcher pour la reconnaître. J'ose même avancer que la faute apparente d'avoir rangé l'armée trop près de la rivière sera d'un augure favorable à l'ennemi et pourrait bien, par la confiance qu'elle lui inspirera, lui faire négliger quelques précautions essentielles. Lorsqu'il avancera pour attaquer, ce sera le moment favorable pour changer la disposition.

Les extrémités des ailes 1 ne bougeront et resteront appuyées à la rivière. Le centre 8 marchera brusquement en avant, de même que les autres parties de la ligne 9, 10, 11, 12, 13, 14, 15, 16, qui s'arrêteront aux points qui leur auront été indiqués. Des bataillons de la seconde ligne 17 couvriront aussitôt les flancs du corps du centre. La réserve 6, 7, se formera en troisième ligne, et les réserves 5 des deux ailes viendront soutenir le tout.

Si on enfonce le centre de l'ennemi, on détachera de la cavalerie pour suivre les fuyards et les empêcher de se rallier; ensuite la plus grande partie de l'infanterie et la cavalerie du centre tourneront brusquement sur le flanc et les derrières de l'ennemi, tandis que les deux ailes se formeront en oblique (par un mouvement 18) pour attaquer celles de l'ennemi. Il est évident que la disposition et les manœuvres que je substitue à celles du chevalier de Folard laissent aux troupes un terrain plus spacieux 19 pour manœuvrer, et qu'elles cachent mieux les desseins qu'on peut avoir ; je les trouve en outre plus simples et plus faciles dans l'exécution.

Si une armée était obligée de combattre ayant à dos nne rivière I (Fig. 10, pl. I) qui ne formât pas un coude, les dispositions sont très-délicates et méritent la plus scrupuleuse attention, car on n'a plus alors aucune protection du terrain. Ce qu'on peut faire de mieux dans une situation aussi critique, c'est d'élever diagonalement à la rivières des retranchements 2 ou des redoutes 3, qu'on garnit de troupes, et on appuie les deux ailes 4, 5 de l'armée à l'extrémité de ces retranchements. Le reste du dispositif doit être semblable à celui qu'on a indiqué dans l'exemple précédent, c'est-à-dire qu'il faut attaquer avec un centre renforcé celui de l'ennemi, et se conduire, durant le reste de l'action, comme on l'a expliqué plus haut.

Si on suppose, dans ce troisième exemple comme dans le second, que l'armée ait un pont 6 sur la rivière, on établira au-delà une batterie de canon 7, à hauteur des flancs de chaque aile, pour tirer durant l'action sur celles de l'ennemi.

Exemple des dispositions obliques de circonstance pour une armée obligée de combattre une rivière à dos.

Si une armée doit recevoir la bataille sur un terrain resserré à droite par un village 1, à gauche par une hauteur 2, et sur les derrières par une rivière 3, on la disposera comme il suit (Fig. 11, pl. I), le village 1, la hauteur 2, et l'espace compris entre deux seront garnis d'infanterie 4 et de canon. On formera en potence (derrière le village et la hauteur) la la cavalerie 5, dont les flancs appuieront à la rivière. Deux redoutes 6, 7, couvriront le flanc de chaque aile de cavalerie, et en défendront le front par leur feu. Une réserve d'infanterie 8 et de cavalerie 9 soutiendra le centre.

Si l'on est obligé de combattre sur un terrain resserré à droite et à gauche par des ruisseaux 1, 2, et sur les derrières par une rivière 3, on fera la disposition suivante (Fig. 12, pl. I). On construira deux redoutes 4, 5, pour y appuyer les flancs de l'infanterie 6. La cavalerie 7, rangée sur deux lignes, bordera les ruisseaux. Un corps d'infanterie 8 sera disposé en potence près de la redoute 5. Une réserve de cavalerie 9 et d'infanterie 10 soutiendra le centre de l'armée. L'artillerie 11, répandue dans les redoutes et sur le front des troupes, défendra les différentes parties de la disposition [1].

1. Cet article est tiré de l'ouvrage intitulé *Essai théorique et pratique sur les batailles*. Son auteur, M. de Grimoard, est connu par plusieurs ouvrages qui lui ont mérité le suffrage du public

Remarque générale.

Tout ce qu'on a dit sur les dispositions pour les armées obligées de combattre une rivière à dos, peut s'appliquer aux attaques par le centre en général[1].

De la défense d'une rivière.

Après avoir parlé des diverses manières de forcer ou exécuter le passage des rivières, l'on aurait lieu de m'accuser de négligence si je passais sous silence les moyens défensifs que l'on a pour s'y opposer.

N'est-ce pas un paradoxe trop hardi que d'avancer que l'une de ces opérations n'est pas plus aisée que l'autre ? Cependant cela est exactement vrai, sinon en soi, au moins par les circonstances. Rien n'est plus difficile que de passer lorsque l'ennemi bien informé s'y oppose. Mais rien n'est aussi plus difficile que d'empêcher qu'il ne passe, si en beaucoup d'endroits, éloignés les uns des autres, il y a des gués, ou des lieux propres à jeter des ponts, parce que l'on ne peut, sans réduire à rien son armée, les garder tous, et

éclairé. M. de Grimoard a été longtemps en correspondance avec S. A. R. le prince Henri ; j'ai souvent entendu S. A. R. rendre justice à ses talents et avouer le mérite du livre que je cite.

1. Si on est dans le cas de combattre par le centre, quoiqu'on n'ait pas une rivière derrière soi, les appuis des ailes une fois trouvés, la disposition peut se régler comme pour une armée obligée de combattre une rivière à dos.

qu'en ce cas, comme l'observe M. de Feuquières, le général qui s'étend le plus est celui qui s'oppose le moins efficacement.

Une rivière dont le front d'attaque est fort resserré se défend aisément, pour peu qu'on sache prendre ses mesures; mais une rivière dont l'étendue à garder est trop grande ne se défend que très-difficilement; c'est une des opérations les plus épineuses de la guerre, et il y faut une capacité et une prévoyance peu communes. La faute dans laquelle j'ai vu qu'on tombe ordinairement, c'est de vouloir tout garder et être également fort partout. Cela fait qu'on n'est fort nulle part, et qu'on ne garde par conséquent rien. On devrait suivre une maxime toute contraire, et ne diviser ses forces que le moins qu'on peut, sans laisser cependant de faire les détachements et d'établir les postes qui sont jugés nécessaires. Voici les règles que l'on ne doit cesser d'avoir sous les yeux.

Un général qui s'est porté sur une rivière pour en défendre le passage doit être en de perpétuelles défiances aux endroits mêmes où il semble avoir le moins à craindre. La première de toutes les attentions est de retirer tous les bateaux qui se trouvent du côté opposé du fleuve, fort avant le long de son cours. On doit les faire passer en deçà, les couler à fond, ou les brûler; je dis généralement tous les bateaux sans en oublier un seul, car quelquefois cette disette réduit l'ennemi à ne savoir où en prendre. Le seul expédient qui lui reste, faute de bateaux, est de recourir aux radeaux; mais comme toute sorte de bois n'est pas propre pour ces sortes de machines, il se voit dans la nécessité de démolir les maisons pour en faire, ce qui donne le loisir de prendre des précautions plus assurées, capables de rendre inutile un travail qui ne se peut faire que sur la rivière même. D'ailleurs c'est un avertissement qu'on passera à peu près dans l'endroit où l'on travaille, et il est aisé, en ce cas, de s'y mettre en force.

On doit encore observer s'il n'y a pas quelque rivière qui se jette dans celle que l'ennemi veut passer, et où il puisse faire secrètement et à couvert ses préparatifs pour en sortir tout à coup lorsqu'on y pense le moins. On se précautionnera pour lors vis-à-vis son embouchure. On examinera avec soin le cours de celle sur laquelle l'ennemi veut s'établir, ses sinuosités et les endroits les plus accessibles. On y fera élever de bonnes redoutes, auxquelles on joindra les courtines, s'il est nécessaire; on les élèvera le plus près des bords qu'il sera possible; on observera de couper les retours qui peuvent être favorables à l'ennemi, et d'y placer des redoutes avancées, pour ne lui laisser aucun terrain où il puisse se former, et ne pas imiter les Hollandais, qui laissèrent passer et former les Français de l'autre côté de l'Yssel, leurs retranchements étant trop éloignés des rives du fleuve. Les localités doivent déterminer leur éloignement respectif. On peut travailler aussi dans la rivière même, embarrasser les endroits favorables pour un débarquement, soit avec des arbres coupés avec leurs branches, que l'on coule à fond par le moyen de plusieurs paniers ou sacs remplis de pierres, attachés fortement aux branches, soit avec de grands pieux qu'on plante en avant du rivage. Mais on doit avant tout faire raser, autant que cela est praticable, ce qui pourrait servir à couvrir l'ennemi dans les îles du fleuve et sur la rive opposée. Indépendamment de ces moyens, il y en a encore qui ne sont pas moins essentiels, tels que d'escarper les rives et de les relever par des épaulements où l'infanterie puisse être à couvert; de bien connaître le terrain qui est au-delà; s'il n'est pas plus élevé que le côté qu'on garde; s'il y a des hauteurs qui règnent le long des bords; si elles sont assez près pour que l'ennemi puisse y placer une nombreuse artillerie et se servir de son feu d'infanterie, et s'il peut jeter un pont à la faveur d'un grand feu que l'on ne saurait soutenir sans grande perte.

Telles sont les précautions matérielles préliminaires

que l'on doit prendre; mais quel bon effet pourrait-on en retirer, si la disposition des troupes ne concourait point à les appuyer solidement. La plupart de généraux, craignant également partout, divisent tellement leur monde qu'ils se trouvent par là hors d'état de se défendre. C'est surtout sur la répartition des troupes que l'on doit agir avec précaution. Celles indiquées ci-dessus, et plusieurs autres qui dépendent des circonstances, étant prises, je partage mon armée en trois corps. Je suppose qu'elle est de 35 000 hommes, tous les petits détachements déduits, et que le terrain à défendre a 6 lieues d'étendue. Je mets au centre le premier corps de 15 000 hommes; à la droite et à la gauche de la ligne de défense les deux autres de 10 000 hommes chacun, éloignés de celui du centre d'environ une lieue. Les trois camps peuvent fort bien occuper deux lieues sans trop s'étendre. Il en reste donc quatre pour les gardes, les petits postes et les patrouilles, qui doivent continuellement battre l'estrade.

Il est sensible que par cette disposition je suis en état de me présenter promptement partout où l'ennemi peut tenter le passage; car de quelque côté que cela arrive, le plus grand espace que la tête de mes troupes ait à parcourir n'excède guère celui d'une lieue. Supposons que l'ennemi emploie 4 heures à construire ses ponts, et 2 au moins à passer, vous voyez que j'ai tout le temps de m'assurer de son dessein sans m'exposer à prendre le change et de l'attaquer brusquement avant qu'il soit en forces. Il en est de même s'il passe avec des radeaux, puisque les préparatifs de ces radeaux demandent un certain temps et ne peuvent se faire que sur la rivière même. Comme il ne nous en faut pas beaucoup pour le joindre, parce que nous ne saurions manquer d'être promptement avertis de tous ses mouvements, nous n'arriverons jamais trop tard. Cela serait à peu près égal quand même la rivière serait guéable, pourvu que nous n'eussions pas négligé d'en rompre les gués ; car l'opération de les purger demande un temps souvent plus considérable que l'ennemi ne se l'imagine.

Ces précautions et plusieurs autres qui dépendent des circonstances étant prises, il faut s'occuper principalement d'être toujours à même de savoir des nouvelles de l'ennemi et de tous ses mouvements, pour être en mesure de se présenter en force sur tous les points où il pourrait tenter d'effectuer son passage. Des patrouilles de dragons, de hussards et de chasseurs longeront continuellement le fleuve dans les espaces qui leur seront assignés et épieront tous les mouvements de l'ennemi, pour en avertir aussitôt le corps d'armée le plus proche. On placera aussi, à cet effet, des vedettes et des sentinelles sur les lieux les plus éminents. Pour la prompte arrivée des rapports au général, on établira des relais sur toute la ligne de défense, si elle est d'une grande étendue, et des signaux bien concertés et tellement décidés qu'on ne puisse s'y méprendre. On aura des canots montés par des bateliers parfaitement instruits du cours de la rivière et de toutes ses sinuosités, pour aller faire, avec quelques soldats, des découvertes sur le bord opposé, pendant la nuit surtout, à vogue sourde. On peut même se servir pour cela de quelques bons nageurs.

Si le pays est affectionné, on fera garnir les espaces intermédiaires des ouvrages que l'on aurait pu construire, par des paysans chargés de faire les signaux convenus. On ne peut trop recommander aux patrouilles et officiers qui les commandent d'apporter la plus grande vigilance dans leur service[1]. Un officier du

1. Ces patrouilles ainsi que les sentinelles doivent, si le temps est calme, prêter de temps en temps l'oreille contre terre; c'est le meilleur moyen d'entendre le bruit des rames ou d'un bateau qui fend les eaux. Ces sentinelles ne doivent point tirer sans nécessité; mais, dès que l'ennemi s'approche, s'avertir tout doucement les uns les autres, bien examiner ce qui se passe, et ne se replier sur leurs postes que quand l'ennemi aborde le rivage. Avec des sentinelles intelligentes, on peut quelquefois surprendre de petits partis que l'ennemi envoie pour reconnaître les bords de votre côté. Quand on place des postes de paysans sur les bords d'une rivière, pour garder les endroits les moins dangereux, il faut toujours mêler avec eux quelques soldats d'une bravoure reconnue, pour empêcher qu'ils ne s'épouvantent et ne se retirent mal à propos.

régiment de Ziethen, dit le Roi de Prusse, qui fit négligemment sa patrouille dans la nuit où l'ennemi construisit ses ponts à Selmitz, fut cause du passage de l'Elbe et de la perte d'une partie des équipages de l'armée.

Il se peut fort bien que l'officier de Ziethen n'ait pas fait exactement son devoir ; mais il était bien difficile à deux faibles bataillons de disputer à une armée de 60 000 hommes le passage d'une rivière telle que l'Elbe est du côté de Teinitz. Les quartiers des Prussiens par le front qu'ils avaient à défendre n'étaient pas assez resserrés pour se soutenir promptement et en force contre une armée aussi nombreuse, qui était assemblée dans un seul point pour y pénétrer et qui avait encore l'avantage du terrain. Cet exemple fait voir que les dispositions les plus sages et les mieux dirigées échoueront contre un projet de passage de rivière, si le front qu'on a à garder est d'une trop grande étendue et que la situation avantageuse du terrain ne supplée pas à ce défaut.

Une fois tous les arrangements ci-dessus mentionnés bien pris, on peut attendre l'ennemi. Lorsqu'on est informé que l'ennemi marche avec un grand attirail d'artillerie, il faut faire en sorte, s'il se peut, d'en avoir autant à lui opposer, avec un double attelage pour la transporter avec plus de diligence aux endroits où l'on peut en avoir besoin; outre qu'étant bien attelée, on la sauve plus aisément si l'ennemi vient à percer quelque part. Mais ce n'est pas là ce qu'on doit observer plus particulièrement pour mieux résister au canon de l'ennemi et lui disputer efficacement le passage de la rivière.

Le mieux est de faire des épaulements à 4 ou 600 mètres des endroits où l'on soupçonne que l'ennemi peut passer et d'avoir sur les bords de la rivière des redoutes bien palissadées et en état d'arrêter l'ennemi. Ces épaulements doivent être de 2 à 3 mètres de hauteur; et c'est derrière ce rideau de terre et à couvert de la furie du canon ennemi que doivent être campées les troupes. On placera quelques pièces de canon dans les redoutes avancées, qu'on fera sortir sous le feu de ces redoutes pour s'en servir à barbette, quand l'ennemi tentera le passager. Dès que l'ennemi commencera à passer, pour ne pas lui donner le temps de se former, on marchera à lui promptement avec toutes les troupes campées derrière l'épaulement, et si ceux qui ont passé sont repoussés et culbutés dans la rivière, on se retirera sur-le-champ pour se remettre derrière l'épaulement, afin de revenir sur nouveaux frais, si l'ennemi, sans se rebuter, tente encore de passer. Il faut bien observer de ne pas prendre le change sur les véritables desseins de l'ennemi, qui fait quelquefois semblant de passer en plein jour pour obliger vos troupes à se porter sur le bord de la rivière et les ruiner avec son canon.

On est quelquefois surpris, dans les attaques de vive force, par l'ennemi qui débarque tout d'un coup avec un corps de troupes dans un endroit qu'on a dégarni par les inquiétudes qu'il a données pour un autre. Si ce poste n'est pas assez bon pour soutenir ses efforts, le mieux est en pareil cas de se retirer un peu en arrière, pour attendre les secours qui accourent des postes plus éloignés ; et dès qu'ils sont arrivés on doit attaquer brusquement ce qui a passé et le culbuter dans la rivière.

On ne doit pas pour lors envoyer de petits corps seuls contre l'ennemi ; ils ne peuvent rien, et sont défaits à mesure qu'ils arrivent. Il faut marcher en nombre si la chose est importante : car, où il s'agit du tout il faut donner avec tout ou du moins avec un corps capable de repousser ce qui est passé. D'ailleurs les troupes vis-à-vis desquelles l'ennemi a passé se rassurent et combattent avec plus d'ardeur pour reprendre leur poste.

Si malgré toutes les précautions qu'on a prises l'ennemi réussit à surprendre le passage et à s'établir ; ou si malgré vos attaques il conserve son poste en deçà de la rivière, de façon qu'il puisse y élever une demi-lune ou retranchement dont on n'a pu le chasser ; il faut en pareil cas poster avantageusement ses troupes et son artillerie devant lui pour l'attaquer s'il veut déboucher ou l'inquiéter s'il veut étendre ses travaux. Il est vrai, que s'il s'est couvert d'une demi-lune bien palissadée et qu'il ne veuille pas se presser, il sera bien difficile d'empêcher son passage; parce que les travailleurs qu'il mettra dehors pour faire d'autres retranchements pourront se retirer dans le fossé de la demi-lune si on les pousse ; que ceux qui la gardent, feront retirer vos troupes par leur feu; qu'aussitôt que vos troupes se seront retirées, leurs travailleurs retourneront à leur travail ; et qu'autant de fois qu'on ira à eux ils vous tueront beaucoup plus de monde que vous ne leur en ferez périr. Cependant, quoique ces petites attaques coûtent, si on peut par là retarder le débouché jusqu'à la nuit, on en peut tirer un grand avantage; car, dès qu'elle sera venue, on peut faire des batteries et des retranchements le plus près des travaux des ennemis qu'on pourra, pour y poster du canon et de l'infanterie qui, par son feu, empêchera les ennemis d'augmenter leurs travaux ; et pour qu'ils ne les continuent pas pendant la nuit, il faut les attaquer autant de fois qu'ils sortiront pour travailler. Ces attaques ne peuvent être bien périlleuses, parce que leur feu d'au-delà de l'eau leur est alors inutile, et que celui de la demi-lune ne peut pas beaucoup les favoriser. On peut encore, si on est le maître du haut de la rivière, tâcher de brûler leurs ponts avec des brûlots, ou de les briser avec des bateaux chargés de bombes et de pierres. Mais enfin, si après tous ces efforts un général perd l'espérance d'empêcher les ennemis d'achever leur passage, il lui est beaucoup plus facile de se retirer la nuit que le jour, pour aller se poster dans quelque lieu qu'il aura reconnu et où il pourra arrêter les ennemis au moyen de toutes ses troupes qu'il aura soin d'y assembler.

Il serait inutile de donner des règles sur la disposition des troupes pour marcher à un ennemi qui a surpris le passage d'une rivière. Si les bords de la rivière sont plats et que le pays soit totalement découvert, la cavalerie doit se porter brusquement sur ce qui a passé; l'infanterie étant placée tout auprès pour favoriser ses attaques; mais si le pays est couvert, c'est l'infanterie seule qui doit agir. Cette seconde disposition est relative a celle qu'a faite d'abord le général en plaçant les troupes le long de la rivière; car il est vraisemblable qu'il a eu l'attention d'entremêler les deux armes ou qu'il les a placées chacune là où elle peut manœuvrer à son plus grand avantage. Si l'armée des ennemis est si supérieure à celle qui défend le passage qu'ils viennent se mettre en bataille sur le bord de la rivière avec leur artillerie, qu'ils mettent leurs gros canons sur quelque éminence et qu'à la faveur d'un grand feu d'artillerie et d'infanterie ils tâchent de tenir vos troupes éloignées pour construire leurs ponts et passer ensuite; il faut, au cas qu'il ne se trouve pas de lieu avantageux sur le bord de la rivière pour placer votre canon, le mettre à couvert d'un épaulement, à une portée de mousquet de leur passage au-dessus ou au-dessous, afin de tirer sans cesse dans l'endroit du débarquement.

Dès que l'ennemi a mis pied à terre on ne doit pas balancer d'aller l'attaquer; parce que vos troupes se mêlant pour lors avec les siennes, il ne saurait faire feu de son canon, ni de son infanterie qui est sur les bords de l'autre côté du rivage; car il risquerait de tuer ses propres gens.

Un général habile qui défend un rivière ne manque pas de prévoir tous les cas où il peut se trouver et de diriger à l'avance son plan d'attaque pour se porter sur l'ennemi dès qu'il a passé, et son ordre de retraite s'il était battu ou qu'il jugeât ne pouvoir combattre avec avantage. Il a dû aussi concerter les moyens les plus prompts de rassembler tout à coup ses troupes, sans dégarnir les postes intéressants qu'il lui importe à tout événement de laisser en état. Il a dû enfin communiquer ses projets aux officiers principaux de son armée en qui il reconnaît le plus d'intelligence.

Il y a plusieurs moyens de battre l'ennemi au passage d'une rivière, qui pour être moins connus n'en sont pas moins sûrs, et dont un général qui a une imagination fertile saura se servir à propos; par exemple on ne croirait pas que pour empêcher le passage d'une rivière on dût s'en éloigner. Cependant il y a des circonstances où rien ne convient mieux que ce stratagème ; comme lorsque l'ennemi a tous les avantages du terrain, et que pour perdre ces avantages il faut que son armée soit coupée en deux par la rivière ; ou lorsqu'il attend un renfort considérable et qu'on veut le combattre avant la jonction. Séduit par l'appât d'une retraite simulée, il se hâte de passer et même probablement avec peu de circonspection, si vous avez bien pris vos mesures et bien compassé le temps et les distances, vous culbutez dans le fleuve une partie de son armée, sans que celle qui est sur l'autre rive puisse lui prêter le moindre secours. L'ennemi, dites-vous, peut ruser en liberté, je l'ai dit aussi ; mais qui vous empêche de ruser de même? Il fait de fausses démonstrations ; Eh bien! ne pouvez-vous pas faire semblant de vous y laisser prendre, de négliger les points essentiels auxquels il en veut, et le surprendre lui-même lorsqu'il croit vous avoir surpris ?

Il n'y a rien de plus parfait dans un mouvement de cette sorte que la manœuvre de M. de Luxembourg, lorsqu'il abandonna au prince d'Orange les bords de la Méhaigne, pour lui laisser achever sans inquiétude un nombre considérable de ponts qu'il avait commencés. Cette démarche fière l'étonna si fort qu'il fit cesser ce travail et qu'il changea la résolution qu'il avait prise d'engager un combat dont il eût espéré un grand succès si on lui eût disputé le passage de la Méhaigne. Ce prince avait pour lui l'avantage et la supériorité du terrain, des haies et des buissons qui cachaient son infanterie le long de la rivière ; le feu de son canon et de sa mousqueterie dominaient sur l'armée française qui était en plaine et menacée d'un désavantage presque certain. M. de Luxembourg, qui sut prévoir les suites de cette affaire, aima mieux en présenter une décisive à ce prince que de sacrifier beaucoup de troupes à l'espérance d'un avantage particulier. Son projet était de laisser passer une partie de l'armée ennemie, de marcher à elle l'épée à la main, de la renverser dans la rivière et de profiter de son désordre pour achever son entière défaite.

On peut encore empêcher l'ennemi de passer une rivière en la passant soi-même et se portant sur son flanc. Ce stratagème hardi annonce le génie et la science profonde. Aussi est-il du plus grand de nos maîtres, de César !

S'il arrivait que, malgré toutes les bonnes dispositions et les mesures les mieux concertées, on ne pût pas empêcher le passage, soit par la trop grande supériorité de l'ennemi, soit par l'étendue trop vaste du terrain à defendre, il faudrait rassembler promptement toutes ses forces et occuper le poste avantageux qu'on aura eu la prévoyance de se ménager. Là on mettra en exécution les manœuvres qu'on aura préméditées pour arrêter l'ennemi, rendre son passage et sa supériorité inutiles, couper ses communications, enlever ses fourrages et ses convois, et l'obliger de repasser la rivière faute de subsistances ou à cause de quelque échec considérable. Ce second passage ne se ferait assurément pas avec autant de facilité et d'ordre que le premier. Il n'y a point de retraites qui effraient plus le soldat que celles qui se font pour repasser une rivière. Cette situation entre l'eau et l'ennemi lui paraît extrêmement périlleuse. Son imagination alarmée porte presque toujours dans ces retraites une précipitation et un désordre qui font qu'on se presse beaucoup et qu'on avance peu, car rien ne contribue tant à retarder la fuite que cette même peur qui fait fuir. Si jamais le sort jette votre ennemi dans de pareilles situations, songez que ce sont des coups décisifs, et sachez en profiter comme l'exécuta César après avoir battu les Germains et avoir forcé les débris de leur armée à repasser le Rhin au confluent de la Meuse, où ils périrent presque tous; et comme nous avons vu que fit le prince Eugène contre l'armée ottomane, forte de 100 000 hommes commandée par le Sultan et par son Visir, au passage de la Theisse. César n'avait que 6 légions, le prince Eugène n'avait que 16 000 hommes, mais ils avaient l'un et l'autre le génie et la science qui manquaient à leurs ennemis. Je crois ne pouvoir achever de donner à ce chapitre toute l'étendue dont il est susceptible qu'en le terminant par un article du *Lloyd*.

« On regarde, avec raison, le passage des rivières comme une des plus dangereuses et des plus délicates opérations de la guerre, et cependant il réussit généralement parce que ceux qui défendent le passage ne connaissent pas suffisamment le cours du fleuve, et qu'ils manquent de vigilance et d'activité. En effet, si l'ennemi ne peut vous nuire quand vous jetez un pont sous la protection de votre canon, il peut cependant se poster de manière à vous empêcher d'occuper assez de terrain pour vous développer, et sans s'exposer à votre feu se mettre en état d'attaquer chaque division à mesure qu'elle aurait passé.

« Il vaut mieux en user ainsi que de prétendre empêcher le passage, et c'est ce dont on a un exemple remarquable en Italie dans la guerre de succession.

« Depuis longtemps le prince Eugène cherchait à attirer M. de Vendôme à une bataille, mais celui-ci, qui ne voulait que couvrir le Piémont, évitait un engagement général par toutes les ressources de l'art. Le prince Eugène, désespérant de réussir, résolut de passer l'Adda, et de s'ouvrir une route en Piémont par le Milanais.

« Pour bien réussir dans cette affaire, dit l'auteur que je cite, il fallait tromper l'ennemi, décamper sans qu'il le sût, et pouvoir passer le fleuve avant qu'il eût eu le temps de se porter de l'autre côté pour disputer le passage. Son Altesse Sérénissime se flatta de pouvoir exécuter tout cela avec succès ; elle commença par envoyer ses malades et ses blessés à Palazzuolo, et attendant la nuit, temps auquel son ennemi dormait tranquillement, elle donna ses ordres pour la marche. Le soleil n'eut pas plutôt disparu qu'on fit défiler les bagages, qui furent suivis de l'artillerie; deux heures après, l'armée s'étant formée sur 3 colonnes, prit sa route vers le haut Adda et arriva sur les bords de ce fleuve dans deux marches forcées.

« Le duc de Vendôme apprit avec surprise, à son réveil, que le prince Eugène venait de lui souffler une marche. Il vit bien qu'il avait eu tort d'accuser le

Grand-Prieur de négligence lorsqu'il avait laissé passer l'Oglio aux Impériaux, et qu'il ne devait s'en prendre qu'à la vigilance de leur général. Les deux généraux français n'avaient plus rien à se reprocher. Le duc de Vendôme ne pensa qu'à réparer sa faute. Il décampa sans perdre de temps et vint se porter à Ombriano. De là il se détacha avec 15 bataillons et autant d'escadrons pour aller passer l'Adda, et donner ordre à son frère, à qui il laisse 30 escadrons et 20 bataillons de remonter l'Adda sans le passer, mais seulement afin de resserrer davantage les Impériaux et de les empêcher de s'emparer du pont de bateaux qui était près de Cassano, petite ville de l'autre côté de l'Adda. Ce pont avait été construit par les Français, et il en avait fait retrancher la tête par un ouvrage considérable, de la façon d'un habile ingénieur italien nommé Massoni.

Cependant le prince Eugène cherchait à passer l'Adda dans un endroit où il ne pût être inquiété par l'ennemi. Il arrive vis-à-vis d'une magnifique maison de campagne qui appartient aux jésuites de Bergame, et à qui ces bons pères ont donné le nom de Paradis. Les ennemis avaient dans cet endroit un bataillon et 3 escadrons sous les ordres du marquis de Broglio. Une si petite poignée de gens n'était pas capable d'arrêter un instant le prince Eugène. Mais pour leur en ôter tout à fait l'envie, il fit dresser une batterie de 20 pièces de canon qui portait fort avant de l'autre côté du fleuve.

« Le lieu ne pouvait être plus favorable pour jeter un pont. C'était une éminence de quelques 20 ou 24 mètres, qui s'élevait du côté de l'armée impériale, et qui s'abaissant peu à peu allait se perdre assez loin du bord de la rivière pour laisser un passage aux troupes qui devaient marcher au pont. Ce fut sur cette éminence que le prince fit dresser des batteries; il fit aussi tirer des épaulements parallèles les uns aux autres, qu'il garnit d'un bon nombre de grenadiers et de fusiliers, qui découvraient depuis les pieds jusqu'à la tête tous ceux qui auraient voulu s'approcher pour inquiéter les travailleurs destinés à la construction du pont.

« Jamais on ne prit de plus sages précautions et jamais on ne trompa plus adroitemeut un ennemi. Toutes les apparences assuraient le secours au duc de Savoie; c'en était fait, le pont aurait été jeté et la rivière passée avant que le duc de Vendôme eût pu venir au secours du marquis de Broglio; mais le hasard fit échouer cette entreprise. Un des chariots qui portaient les pontons se rompit en chemin; on perdit bien du temps à le raccommoder, et lorsque tout fut arrivé sur le bord de l'Adda, l'avant-garde de M. de

Vendôme commençait déjà à paraître. Cependant le prince Eugène fait travailler incessamment à la construction du pont, mais malgré ses soins et la diligence des travailleurs, il s'écoula plus de vingt-quatre heures avant qu'on en pût venir à bout, cela à cause de la rapidité de l'Adda qui empêchait qu'on ne joignît les pontons et qui emportait les poutrelles. Il n'y a point de rivière en Italie qui ressemble plus à un torrent que l'Adda, qui, traversant les vallées de la Suisse, et tombant en cascade de rochers en rochers, roule ses eaux avec une rapidité étonnante.

« Tous ces obstacles donnèrent le temps au duc de Vendôme d'arriver. Il voulut d'abord incommoder les travailleurs qui faisaient le pont et les empêcher de l'achever ; mais quand il vit cet amphithéâtre de grenadiers et de fusiliers que le prince Eugène avait placés sur la hauteur opposée, il comprit que ce serait mener ses troupes à la boucherie que de les faire avancer davantage. Il se tint toujours hors de portée. On se canonna de part et d'autre, mais avec plus de succès du côté des Impériaux qui tiraient de haut en bas. La maison de campagne, appelée Paradiso, fut toute criblée de coups de canon. Le duc de Vendôme, qui y avait établi son quartier-général, fut obligé de le transporter ailleurs. Mais comme il voulait absolument empêcher le passage du prince, il chercha à se poster de manière qu'en se tenant éloigné il pût néanmoins embrasser l'espace du pont des Impériaux et être à portée de les attaquer à leur débouché dans la plaine.

« Il s'aperçut que le terrain où il était se trouvait rempli de haies, de taillis et d'arbres touffus; il tâcha de profiter de cette situation. Il se couvrit de ces haies, fit abattre plusieurs arbres et tirer un retranchement autour de son camp, dont les deux pointes allaient aboutir à la rivière, de manière qu'il avait la figure d'un arc dont l'Adda était la corde. Ce travail fut fait avec une diligence incroyable, et il était presque achevé lorsque les Impériaux eurent perfectionné leur pont.

« Cependant le prince Eugène voyant son pont établi, envoya reconnaître l'ennemi, et sur ce qu'il apprit de sa disposition, il jugea le passage impossible. Cette pénétration admirable, qui lui faisait découvrir d'un coup d'œil toutes les conséquences des moindres démarches, lui présenta tout le danger de celle-ci.

« Il comprit qu'en débouchant de son pont l'ennemi pouvait le charger dès qu'il aurait fait passer la première colonne ; que celle-là étant défaite les autres le seraient aisément l'une après l'autre et avant qu'elles eussent le temps de se mettre en défense ; que quand même l'ennemi leur donnerait celui de se former et de se ranger en ordre de bataille, le danger n'en serait pas moins grand, puisque l'armée se trouverait attaquée à ces deux flancs, et en cas de malheur l'ennemi pouvait facilement lui couper le chemin de la retraite et le réduire à mettre bas les armes. Toutes ces raisons détermineront S. A. S. à abandonner son dessein. Elle fit retirer le pont et reprit la route de Pembrato, où l'armée s'était arrêtée la nuit d'auparavant[1]. »

Voilà la plus belle leçon que l'on puisse donner sur la défense des rivières.

Des retraites.

De toutes les actions qui peuvent arriver dans le cours d'une campagne, il n'y en a point où l'intelligence, la fermeté, le courage soient plus nécessaires à un général que dans une retraite. L'histoire nous fournit des exemples de plusieurs grands capitaines qui se sont faits plus d'honneur par une belle retraite que par plusieurs victoires. On peut avancer cependant qu'il paraît aux yeux du commun des hommes si peu de différence entre la retraite et la fuite que, si l'assurance et le bon ordre qu'y apporte un général ne la fait distinguer, les troupes mêmes prennent souvent l'un pour l'autre.

1. *Histoire du prince Eugène*, tom. III de l'édit. in-12. Amsterdam, 1740.

Les retraites peuvent être forcées ou volontaires; elles se peuvent faire avec une petite armée devant une grande, avec une grande armée devant une moindre, enfin par une armée égale à celle qui la poursuit. Les retraites sont volontaires lorsqu'un général, campé près d'une armée ennemie, veut changer de camp pour sa commodité, ou bien lorsqu'il veut marcher pour aller former un siége ou exécuter quelque autre dessein. Dans ces retraites on ne trouve pas d'ordinaire de grands obstacles, parce que, n'y étant pas contraint, on ne les tente que sur ce que l'on n'y voit pas de difficultés considérables. Les retraites forcées se font lorsqu'une armée, se voyant les vivres coupés ou manquant absolument de fourrages, se trouve obligée de hasarder cette manœuvre pour ne pas périr dans son poste. Enfin elle peut être forcée lorsque l'ennemi, ayant reçu de grands renforts, il convient de se mettre à couvert de sa supériorité et d'aller prendre un poste dont la bonté supplée à la faiblesse où l'on se trouve.

Si l'armée qui doit se retirer est plus forte que celle qui la suit, tout le soin du général qui la commande consiste dans la précaution de faire travailler quelques jours auparavant à ouvrir tous les passages et les défilés en arrière, afin que les troupes qui feront l'arrière-garde ne soient pas assez séparées des colonnes de l'armée pour qu'elles n'en puissent être facilement secourues. Si l'on doit se retirer par un bois, après avoir couvert et assuré les flancs de la marche par des corps d'infanterie, on fait prendre la tête des colonnes à l'artillerie et aux bagages; on leur donne une avant-garde de dragons et troupes légères pour les mettre à l'abri des coups de main de l'ennemi. Si l'on avait à craindre que les ennemis détachent quelques corps considérables de leur armée ou de leurs places, soit pour couper la tête de la marche, soit pour s'emparer de quelques passages difficiles ou pour enlever l'artillerie et les équipages, on envoie de l'armée le nombre de troupes que l'on croit nécessaire pour prévenir ou repousser l'ennemi.

On laisse à l'arrière-garde quelques brigades d'artillerie, plus ou moins, selon la proximité et les mouvements de l'ennemi. Les unes suivent les manœuvres des troupes, les autres s'emplacent et saisissent tous les avantages du terrain pour assurer la retraite. Quand il se trouve beaucoup de défilés sur la route que l'on doit tenir, on augmente la quantité d'artillerie de l'arrière-garde, de peur que l'ennemi ne l'attaque avec trop de supériorité pendant que l'armée serait occupée à les passer.

Quelquefois un général se retire dans le dessein d'engager une affaire générale et d'obliger l'ennemi de sortir d'un poste avantageux pour le suivre, comme fit M. le prince à Lens. S'il prend ce parti, il retourne sur l'ennemi lorsqu'il a passé quelque défilé difficile, ou bien il se met en bataille derrière quelque montagne ou quelque bois pendant que les équipages et le reste des troupes suivent leur marche afin de mieux cacher l'embuscade à l'ennemi, et lorsque celui-ci s'avance il le charge en flanc. Cette manœuvre bien exécutée met infailliblement un grand désordre parmi ses troupes et assure le succès du combat.

Si l'armée qui se retire est plus faible que celle qui la suit, ce qui arrive le plus souvent, après avoir pris toutes les précautions nécessaires pour faire sa retraite en bon ordre, on fait marcher les troupes en diligence (mais cependant sans confusion), quand même on risquerait quelques soldats qui ne pourraient pas suivre, car c'est le cas où l'on doit sacrifier une partie de ses troupes pour sauver l'autre, s'il n'y a pas d'apparence de sauver le tout, ce qu'on ne doit cependant faire que dans la dernière extrémité. Pour les bagages, il ne faut pas balancer à brûler ce qui peut embarrasser. Si l'on se voit pressé de manière qu'il n'y ait pas moyen d'éviter un combat, on prend un poste avantageux, tâchant, autant qu'on le peut, de mettre l'armée en bataille derrière une montagne ou un bois, comme je viens de le dire, afin de charger les ennemis en flanc. Ou bien, lorsqu'ils suivent de près, on fait une contre-marche quand ils passent un défilé, afin de tomber sur une partie de leur armée avant qu'elle ait le temps d'être jointe par le reste. Dans les occasions forcées, il ne faut point compter le nombre des ennemis, et quoiqu'on n'ait que la moitié et même le tiers des troupes de leur armée, on peut prendre son temps si à propos et avec une telle résolution qu'il soit aisé de les défaire.

L'ordre de bataille pour les retraites ne se peut prescrire à cause des différentes circonstances qui obligent de le changer presque à chaque instant. On se régle d'après la force ou la faiblesse des ennemis en cavalerie ou en infanterie, d'après leur proximité ou leur éloignement, enfin d'après le terrain où l'on se trouve et celui où l'on doit marcher. La maxime la plus générale en ces rencontres est de marcher sur le plus de colonnes qu'on peut, excepté l'arrière-garde, qu'il faut faire retirer en bataille et qui doit être composée des meilleures troupes. A l'égard de leur quantité, cela dépend du nombre des ennemis qu'on a à craindre.

L'histoire moderne nous fournit des retraites qui ont fait grand honneur aux généraux qui les ont dirigées, comme celles de Turenne à Marienthal, de Schulembourg à Pünitz, de Bellisle en Bohême, de Gages en Italie et plusieurs autres non moins instructives.

Mais aucune ne mérite mieux d'être comparée à celle de César que les deux retraites exécutées par S. M. le roi de Prusse. Je me bornerai à dire quelque chose de la première.

Du champ de bataille où les Prussiens venaient d'être battus[1], le roi envoya ordre au prince Ferdinand et au maréchal Keith, qui commandaient le blocus de Prague, de tout disposer pour la retraite et de cacher ces préparatifs par une nouvelle sommation aux Autrichiens, avec menace d'un assaut général s'ils refusaient de rendre la ville; il détacha ensuite le prince Maurice de Dessau avec le corps qui avait formé l'aile gauche pendant la bataille pour passer l'Elbe à Nimbourg, y prendre et garder une position qui devait couvrir le flanc de la marche pendant la retraite et traverser tous les mouvements que pourrait faire le maréchal Daun à dessein de la troubler. En arrivant devant Prague, il trouva l'armée qui bloquait cette capitale prête à marcher selon l'ordre expédié la veille, l'envoi de la grosse artillerie, des attirails et des blessés déjà fait vers l'Elbe, et le maréchal Keith dans la position prescrite à la gauche de la Moldau pour couvrir, avec les troupes qu'il y avait assemblées, la retraite du roi, qui marcha le même jour vers Brandeiss, avec le corps campé du côté droit de

1. Kollin.

la rivière. Celui du maréchal suivit une heure après se repliant par échelons. Le prince Charles de Lorraine, qui était dans Prague, n'eut pas plutôt aperçu ce mouvement qu'il fit sortir les troupes de la ville; il posta un gros corps d'infanterie dans la plaine de Sainte-Marguerite; le reste se forma sur plusieurs lignes entre la ville et le Strohhof, la cavalerie dans la plaine qui est tout près de la place. Au moment que le corps du maréchal Keith décampa, les Autrichiens s'avancèrent sur la hauteur qui est entre Sainte-Marguerite et Welleslavin; mais y trouvant les grenadiers prussiens qui faisaient l'arrière-garde rangés en bataille, ils firent halte et se contentèrent de saluer de leur grosse artillerie les colonnes prussiennes. Le général de Schmettau, qui commandait l'arrière-garde, se maintint dans son poste jusqu'à ce que les colonnes fussent assez éloignées pour ne plus risquer d'être prises en flanc, et alors il se mit aussi en marche à pas lents et sans se presser. L'ennemi fit souvent mine de vouloir l'attaquer, mais les bonnes mesures du général et la contenance fière de ce corps le tinrent constamment en respect. Cette arrière-garde se retira ainsi jusqu'auprès du monastère de Maria Victoria, où elle se trouva soutenue par le corps du prince de Prusse, rangé en ordre de bataille sur un terrain élevé derrière Rusin. Toutes les troupes légères autrichiennes harcelèrent très-vivement les Prussiens et tentèrent, mais toujours vainement, de tomber sur le flanc des grenadiers. Les deux corps prussiens continuèrent leur marche dans le plus grand ordre et arrivèrent le lendemain matin à Mikowitz. Le maréchal Keith, qui avait dirigé la sienne par Welwarn à Budin, y passa l'Eger et prit son camp entre Libochowitz et Lowositz, d'où il poussait des postes le long de la rive gauche jusqu'à Werscholitz; et ensuite se rapprochant de Lowositz, il appuya sa droite à cette ville et sa gauche à Leitmeritz. Le roi ayant passé l'Elbe à Brandeiss et détruit les ponts, passa encore l'Iser et campa près de Lissau; il repassa peu après l'Iser à Bénadeck, marcha sur Welnik et entra dans le camp de Leitmeritz au confinent de l'Eger et de l'Elbe, de façon que l'aile droite de l'armée appuyait à la ville et l'aile gauche s'étendait jusqu'au ruisseau qui est entre Budowin et Disnowa, d'où le roi envoya un détachement à Teschen; pour sa communication avec le maréchal Keith, il fit rétablir le pont sur l'Elbe, près de Leitmeritz. Il envoya ordre en même temps au prince Maurice de Dessau d'abandonner son camp de Nimbourg, d'y rompre le pont et de venir camper à Lissau. Par cette retraite, en longeant avec son armée la rive droite de l'Elbe et la rive gauche de l'Eger, le roi conserva ses communications avec la Saxe, la Lusace et la Silésie, et se mit en situation de réparer promptement le désastre qui lui était arrivé à Kollin. Pour peu qu'on réfléchisse sur les mesures et les précautions qu'il prit, sur les différentes positions des corps, sur leurs mouvements concertés et sur toutes les combinaisons de cette retraite, on ne peut s'empêcher de convenir qu'elle ne soit une des plus savantes, des mieux conduites et des plus instructives dont l'histoire militaire fasse mention.

Mouvements intérieurs de l'armée qui se retire.

Après ces notions générales, il me reste à parler des mouvements intérieurs que doit exécuter l'armée qui se retire. Quoique l'exécution des mouvements rétrogrades rentre absolument dans ce que nous avons dit des marches d'armée, j'ai cru nécessaire d'en traiter séparément, ne pouvant donner trop de détails sur une des manœuvres les plus délicates de la guerre. Comme dans tout mouvement des marches l'essentiel est d'avancer, toute armée qui se retire ne saurait prendre trop de soins pour renvoyer tout ce qui pourrait retarder ses colonnes.

Une armée se retire par lignes ou en colonnes. Quand on se retire en colonnes, la répartition des troupes dans les colonnes est absolument la même que dans une marche en avant, à la seule exception que, comme la réserve et la seconde ligne ont la tête des colonnes, si l'on voulait reformer son ordre de bataille pour arrêter l'ennemi, chaque fraction qui compose ces colonnes serait obligée préalablement de faire une contre-marche (Fig. 1, pl. III du tome II).

Aussitôt que la retraite commence, les derniers bataillons de chaque colonne font l'arrière-garde. Si l'ennemi s'approche trop de la queue des colonnes, alors ils doivent faire halte et front, tenir tête à l'ennemi, mais ne jamais s'éloigner assez des colonnes pour pouvoir craindre d'en être coupés. Ordinairement on forme une arrière-garde séparée, composée de bataillons d'infanterie de ligne, de canons, de l'infanterie légère et d'autant de hussards et dragons que la nature du terrain peut le permettre. Ce corps prend la route que l'ennemi prendra le plus probablement pour vous suivre et inquiéter votre marche. Voilà à peu près les dispositions générales relatives à toutes les retraites. Mais ensuite les diverses natures du terrain y apportent des changements ou surcroîts d'arrangements et de précautions.

Quand sur le chemin de la retraite il se trouve des défilés à passer, on y envoie d'avance quelques bataillons avec des batteries de position pour occuper les hauteurs qui dominent ces défilés et les routes que doit suivre l'armée. Ces bataillons et batteries postés sur les hauteurs y restent jusqu'à ce que la colonne qui a dû passer les défilés y soit entrée en entier. Mais si la colonne était pressée par l'ennemi, à quelques cents pas du défilé elle se formerait toute ou en partie en bataille, et sous la protection de ses batteries se retirerait en échiquier à travers le défilé.

La cavalerie de l'arrière-garde est ce qu'il y a de plus embarrassant, car l'ennemi prenant ordinairement la plus grande partie de la sienne pour suivre plus vivement l'armée en retraite, menace principalement la cavalerie de l'arrière-garde, et l'attaquera sûrement avec vivacité du moment qu'elle remarquera qu'elle se prépare à rompre pour passer le défilé. C'est pourquoi il faut laisser quelques bataillons avec leurs canons dans l'endroit le plus convenable des environs du défilé pour protéger la cavalerie, et quand elle n'aura plus rien à craindre ils se replieront sur le défilé, protégés à leur tour par les batteries et les bataillons qui en garnissent les hauteurs.

Je suppose une armée campée auprès de Lichtenow la droite appuyée au lac de Kagel et la gauche en avant de Lichtenow, le front couvert par la fondrière et le ruisseau qui se prolongent du lac de Kagel sur Gartzow. Cette armée doit se retirer sur Berlin. Cette marche rétrograde ne peut se faire qu'en deux colonnes, n'y ayant que deux chemins dans cette direction, celui de Tasdorf et celui de Völtersdorf. Mais auprès de ces deux villages se trouvent deux défilés. On détache à Tasdorf 2 bataillons avec une batterie de gros calibre, ils se portent et garnissent les hauteurs au-delà du défilé. L'armée se partage en deux colonnes de retraite dans l'ordre qu'indique la figure 1, pl. III du tom II. La première colonne est composée d'abord de la cavalerie de l'aile gauche de la seconde ligne, de celle de la première, de l'infanterie de la moitié de la seconde ligne suivie de celle de la première; chaque partie de cette colonne a la gauche en tête. La seconde colonne consiste dans la cavalerie de l'aile droite de la seconde ligne suivie de celle de la première ligne; vient ensuite l'infanterie de la seconde et de la première ligne; cette seconde a la droite en tête.

Chaque colonne garde en outre 5 escadrons de dragons, un bataillon d'infanterie légère et les derniers bataillons de la colonne pour arrière-garde. La colonne de la droite marche par Rüdersdorf et celle de la gauche par Herzfelde sur Tasdorf.

Aussitôt que la colonne de droite entre dans le défilé de Völtersdorf, un bataillon d'infanterie légère se jette dans le bois en avant du défilé; si cela est nécessaire la cavalerie marchant sur deux lignes se retirera en échiquier, sinon elle suivra l'infanterie sur le plus grand front compatible avec les localités pour diminuer la profondeur de la colonne. Mais comme il est à présumer que l'ennemi cherchera à profiter du bois pour harceler vivement avec ses troupes légères la queue de cette colonne et que sa cavalerie déployée dans la plaine adjacente en tentera sérieusement l'attaque, la cavalerie de l'arrière-garde doit se former sur deux lignes derrière Rudersdorf, se retirer en échiquier; quand celle-ci aura entièrement passé le défilé, alors elle commencera sa retraite. Le bataillon d'infanterie légère qui est posté dans le bois et que l'on renforcera de quelques bataillons[1] doit se maintenir dans son poste jusqu'après la retraite de la cavalerie, alors cette infanterie se repliera sur le défilé et le passera à son tour.

La colonne de la gauche devant d'abord se retirer par une plaine assez étendue sera probablement la plus exposée aux attaques de l'ennemi. Il la fera suivre par la plus grande partie de sa cavalerie et de ses troupes légères, qui harcèleront cette colonne jusqu'au moment où son infanterie, ayant pour la plus grande partie passé le défilé, ne sera plus à portée de revenir sur ses pas, alors les troupes ennemies feront une attaque générale sur la queue de cette colonne livrée pour ainsi dire à ses propres forces. C'est à l'arrière-

1. Plus ou moins, selon la vivacité des tentatives de l'ennemi.

garde à prendre des précautions suffisantes et assez bien entendues pour déjouer les projets de l'ennemi. Dans la présente supposition, on fera former la cavalerie de l'arrière-garde sur deux lignes, la gauche appuyée au lac de Gross-Steitnitz la droite flanquée par des batteries établies sur les hauteurs près Tasdorf; leur feu bien dirigé facilitera beaucoup sa retraite. L'infanterie légère et les autres bataillons de cette arrière-garde peuvent se poster avec leurs canons sur les flancs de la cavalerie; les circonstances décideront en que lordre. Quand la cavalerie s'étant approchée du défilé, aura diminué l'étendue de son front du nombre des escadrons qui l'auront déjà traversé, l'infanterie couvrant toujours les flancs des escadrons encore en ligne, occupera le grand chemin de Tasdorf et se postera dans la trouée formée par le lac de Gross-Steinitz, et le petit lac qui est de l'autre côté du chemin. Le cabaret qui s'y trouve offre un poste avantageux à l'infanterie légère pour couvrir la retraite des bataillons de ligne de l'arrière-garde; quand ceux-ci sont retirés, alors elle se replie elle-même protégér par le feu des batteries des hauteurs.

La manière précédente de se retirer s'emploie quand les montagnes en deçà du défilé dominent celle au-delà; mais si les localités se présentaient l'inverse de cette situation, voici les petites différences qu'il y a à observer. Les bataillons envoyés pour occuper le défilés se formeront devant lui sur deux lignes en échiquier, par bataillons ou demi-bataillons avec intervalles selon l'étendue et la disposition du terrain à garnir. On peut sans risque commencer par de grands intervalles, car dans un mouvement rétrograde les troupes ne sont déjà que trop portées à le diminuer et à se rapprocher les unes des autres. Ces bataillons se postent 7, 800 ou 1000 pas en avant du défilé, profitant de toutes les chicanes que la nature du terrain peut offrir ; quand toute la colonne ou l'armée a déjà passé en grande partie le défilé et que les hauteurs au-delà du défilé sont garnies d'artillerie, ce corps se rapproche de plus en plus du défilé et s'occupe des moyens de le passer.

Dans les pays de montagnes on laisse aussi peu de cavalerie qu'il est possible à l'arrière-garde, si l'on a des défilés à passer les grand'gardes et les piquets suffisent pour couvrir cette manœuvre. Si l'armée devait se retirer par un défilé, on garnit d'infanterie et d'une artillerie proportionnée les hauteurs avoisinant les deux flancs de son entrée. Sous le feu de ces batteries les colonnes traversent le défilé, la cavalerie de l'arrière-garde se déploie devant le défilé appuyant ses ailes aux hauteurs garnies de troupes. Quand l'armée a passé, l'arrière-garde se replie sous la protection des troupes postées des deux côtés du défilé, ces troupes restent alors chargées de l'arrière-garde; pour mieux couvrir la retraite de l'armée, elles doivent toujours longer les hauteurs qui se trouvent sur les flancs de la marche (Fig. 2, pl. III du tom. II).

Si l'on devait se retirer par un pays de plaine, la cavalerie, soutenue d'artillerie à cheval, devait former la plus grande partie de l'arrière-garde; alors la cavalerie et l'infanterie de l'armée seraient partagées en 4 colonnes, ce qui rendrait la marche infiniment plus légère (Fig. 3, pl. III du tom. II).

La formation des colonnes peut s'exécuter des deux manière suivantes, d'abord l'armée marchant par le centre la gauche en tête. La première colonne est composée de l'infanterie de l'aile droite de la première ligne, suivie de la cavalerie de cette même droite. La seconde colonne est composée de la droite d'infanterie et de la cavalerie de la seconde ligne. La troisième colonne est formée de l'infanterie de la seconde ligne du centre à l'extrémité de la gauche suivie de l'aile gauche de cavalerie de cette seconde ligne; enfin la quatrième colonne est formée du reste des troupes de la première ligne. Si l'armée devait se reformer en ordre de bataille, il y aurait des mouvements préparatoires assez compliqués. Les divisions de la première colonne feraient à droite, celles de la seconde feraient à gauche, et ces deux colonnes se traversant chargeraient de place. Le même mouvement se ferait entre la troisième et la quatrième colonne, de sorte que la troisième irait occuper la place de la quatrième, qui viendrait de son côté sur l'emplacement de la troisième. Les colonnes ayant fait halte sur leurs nouvelles places, toutes les divisions des colonnes feront à la fois une contre-marche; lorsqu'elle sera achevée, on procédera à la réformation de la ligne par le déploiement.

Mais pour éviter la complication de ce passage des colonnes entre elles, voici une manière plus simple de faire marcher l'armée. L'infanterie de l'aile droite de la seconde ligne fait la première colonne suivie de la cavalerie de cette même seconde ligne; l'infanterie de l'aile droite jusqu'au centre de la première ligne fait la seconde colonne, suivie de la cavalerie de cette première ligne. La troisième colonne est composée de l'infanterie de l'aile gauche de la seconde ligne suivie de la cavalerie. Enfin la quatrième colonne est composée de l'infanterie de la gauche au centre de la première ligne suivie de la cavalerie. Si l'on veut faire reformer l'armée, il n'y a qu'une simple contre-marche à exécuter et l'armée se trouve en colonne prête à déployer.

Il vaut encore mieux (et c'est beaucoup plus simple) former quatre divisions de l'infanterie des deux lignes et également quatre divisions de toute la cavalerie, deux divisions pour chaque aile. Toute l'armée marche alors la gauche en tête. La première colonne est formée de la première division de l'infanterie suivie de la première division de cavalerie(Fig. 4, pl. III du tom. II) de l'aile droite. Les deuxièmes divisons d'infanterie et de cavalerie de l'aile droite composent la seconde colonne. La troisième colonne contient la troisième division de l'infanterie et la première de la cavalerie de l'aile gauche. La quatrième colonne est formée de la dernière division de l'infanterie et de la deuxième de cavalerie de l'aile gauche.

L'infanterie de la seconde ligne a dans toutes ces colonnes la tête des colonnes; la cavalerie de la seconde ligne suit de même immédiatement l'infanterie. Quand dans cette retraite on n'a pas eu le temps de renvoyer ses bagages, le train et parc d'artillerie, on les fait marcher à la tête des colonnes donnant une escorte aux colonnes extérieures. Comme on ne saurait rien ajouter aux règles et exemples que nous venons d'offrir, je me contenterai de répéter que le secret le

1. La première colonne peut se replier la droite en tête, la seconde colonne composée de l'infanterie de la première ligne marchera par la gauche.

plus profond sur le jour et l'heure de la retraite, l'attention de faire accommoder les chemins et aplanir les obstacles qui, se trouvant sur la direction de la marche, pourraient la retarder, la diligence dans la marche des colonnes, le bon ordre, la fermeté et la ruse réunis dans les combats qu'on est obligé de soutenir, la rapidité à s'emparer des avantages du terrain, à saisir la moindre faute de l'ennemi, tels sont les moyens que l'on doit faire concourir à assurer le succès d'une des manœuvres les plus importantes de la guerre.

XII

MÉMOIRE

SUR LA STRATÉGIE OU SCIENCE DES PLANS DE CAMPAGNE.

Dans les trois livres précédents j'ai essayé de détailler tous les mouvements que la grande tactique peut et doit exécuter dans le courant d'une campagne, selon les diverses occurences, il me reste maintenant à traiter la partie la plus sublime, mais aussi la plus difficile de l'art de la guerre, la science des plans de campagne [1].

1. La partie la plus grande de l'art militaire, dit M. le maréchal de Puységur, est de savoir faire le plan de toute une guerre.

Le plan de campagne est à l'action ce que l'esquisse d'un tableau est au tableau même. Si l'esquisse est froide, mal conçue, le tableau, quelle qu'en soit l'exécution, manquera d'effet. De même les mouvements d'une armée, quelque bien conduits qu'ils puissent être, n'offriront point de résultat ni d'ensemble satisfaisant, si le plan de campagne n'a pas été bien développé et bien tracé.

Il y a deux sortes de dispositions préliminaires qui précèdent tout commencement de guerre. La première est le plan général d'après lequel on veut la conduire. La seconde disposition (qui peut s'appeler particulière) ne regarde que l'exécution du dessein formé; alors on règle et détermine l'arrangement des troupes par rapport à la nature des entreprises, et l'établissement des magasins ou dépôts des munitions de guerre et provisions de bouche, par rapport à l'exécution.

Le plan général de la guerre renferme deux sortes d'objets. Les uns sont du ressort de la politique et les autres dépendent immédiatement et totalement de la science militaire. Les alliances, les traités de subsides, la discussion des causes qui nécessitent la guerre, et celles des traités qui la terminent, telles sont les parties politiques de la guerre. Parties trop longtemps abandonnées à la direction d'hommes qui, n'étant pas militaires, ont cherché à les isoler et séparer totalement de l'influence des généraux, quelque directs que soient pourtant leurs rapports dans la science des plans de campagne. Dans quels malheurs cette lutte des ministres et des généraux n'a-t-elle pas entraîné la France pendant les dernières années du règne de Louis XIV, et les trop malheureuses campagnes de la guerre de Sept ans! Lorsqu'un souverain est lui-même le général de ses armées, il embrasse et combine tous ces différents objets. La machine n'ayant pour lors qu'un seul principe de mouvement, ce mouvement est bien plus parfait.

Les mouvements des troupes, leur rassemblement, leur marche, suivant les combinaisons défensives ou offensives de la guerre, telles sont les parties qui appartiennent exclusivement à la science militaire.

Il est encore des règles générales que l'on doit observer dans la méditation des projets de guerre, desquelles on ne peut s'écarter sans exposer sa patrie à des désavantages certains. D'abord il faut prévoir tous les cas possibles d'offensive ou de défensive, en formant des plans de campagne particuliers pour chaque portion des frontières de son pays, suivant toutes les acceptions possibles.

Puis il faut distinguer deux sortes d'ennemis; ceux à qui l'on a immédiatement affaire, et contre lesquels sont dirigées les premières opérations, et les ennemis qui peuvent se déclarer, la guerre une fois commencée. Ici la politique doit venir au secours des généraux pour déterminer d'une manière à peu près certaine quels sont les pays qui pourraient, pendant la guerre, prendre parti contre la patrie; alors on trace des plans d'opération provisoire, soit pour être à même de résister aux attaques de ces nouveaux ennemis quand ils se déclareront, soit pour les prévenir en les attaquant soi-même avant qu'ils aient eu le temps d'achever leurs préparatifs. De cette manière il est impossible d'être jamais pris au dépourvu.

Toutes les considérations d'après lesquelles on doit tracer ses plans de campagne sont relatives à ces trois points : au pays, au nombre, à l'espèce de ses troupes et à celles de l'ennemi.

Il faut avoir une connaissance du pays où l'on doit agir, soit offensivement, soit défensivement. Quoique celle qu'on acquiert par des cartes topographiques militaires ne soit pas à beaucoup près suffisante, c'est par là cependant qu'il faut commencer. On sent donc la nécessité d'avoir de ces cartes exactes, dressées par des officiers capables et entendus, et accompagnées d'itinéraires et de mémoires qui marquent avec précision la nature du pays et des chemins; celle des positions les plus avantageuses, des défilés et d'autres passages difficiles; la largeur et profondeur des rivières et ruisseaux, la qualité de leur fond, les gués, et la hauteur des bords; les villages, bourgs, hameaux et cassines; l'élévation, la pente et les revers des montagnes; les aboutissants des gorges, les ravins, les fossés; la nature des bois et des plaines; les champs clos et les endroits de fourrage; toutes les particularités essentielles des places de guerre et des villes, les distances et les communications; enfin tant d'autres détails non moins nécessaires pour déterminer solidement un projet de campagne. C'est pendant la paix qu'il faut faire ce travail, et non-seulement sur ses frontières, mais aussi, autant qu'on le peut, sur celles qui leur sont opposées. Si on attend la guerre pour y songer, on doit s'attendre à être puni de son indolence[1]. On manque alors de tous les moyens nécessaires pour baser son plan et de tous ceux qui doivent faciliter sur les lieux les observations et les connaissances indispensables à l'exécution des opérations projetées.

1. Les Français en ont si bien senti la nécessité, qu'ils n'ont négligé aucune des occasions qui pouvaient leur faciliter la reconnaissance des pays voisins. Depuis Louis XIV, toutes les armées qui sont sorties des frontières de la France ont été suivies d'ingénieurs destinés à lever le pays, dessiner les positions. Le recueil de leurs travaux était conservé avec le plus grand soin au bureau de la guerre. On n'a pas assez compté, parmi les causes des succès des armées françaises dans ces dernières guerres, cette richesse de plans et reconnaissances militaires qui les familiarisaient sur-le-champ avec tous les pays environnants la France, sur lesquels ils devaient se porter pour agir.

Quant aux troupes, on doit examiner ses forces et celles de son ennemi, en comparer la constitution, la discipline. C'est de là que dépend le choix de plaines larges et découvertes, ou de terrains étroits, fourrés et coupés, et le plus ou moins de hardiesse dans ses manœuvres.

Si l'on faisait la guerre comme les Tartares, c'est-à-dire que toutes les opérations de l'armée se réduisissent à piller et à ravager, il ne faudrait, comme ces peuples, avoir qu'une nombreuse cavalerie, entrer par un côté de la province, balayant tout devant soi, et se retirant par un autre avec tout son butin.

Mais avec nos armées, quand nous entrons dans un pays ennemi, c'est à dessein de nous emparer d'une province ou de quelques places fortes, etc. ; et, ne trouvant point de subsistances suffisantes sur notre chemin, nous sommes obligés de déterminer certains points fixes où nous établissons nos magasins de vivres, munitions, etc., d'où les convois ensuite viennent approvisionner l'armée. Ces points servent de base aux opérations qui se conduisent vers d'autres points fixes et déterminés dans le pays ennemi, si c'est une guerre offensive que vous avez à conduire, ou si c'est une guerre défensive, les mouvements se dirigent de ces points donnés vers d'autres sur vos propres frontières.

La ligne qui unit entre eux tous les points sur lesquels une armée doit opérer, s'appelle *ligne d'opération;* et c'est, de tout ce que nous avons dit jusqu'à présent, ce qui mérite le plus d'attention. Le bon ou le mauvais choix de cette ligne d'opération décidera du succès ultérieur d'une guerre. Si par malheur ce choix était mal fait, vos succès, quelque brillants qu'ils pourraient être d'abord, ne mèneraient à rien de solide. Voici les règles qui sont à suivre dans le choix de la ligne d'opération.

1° Quand la nature de la frontière que vous devez attaquer et la position de vos dépôts vous en laisse la liberté, il faut choisir pour votre ligne d'opération la plus courte et la moins difficile.

2° Votre direction doit être telle que l'ennemi ne puisse agir sur vos flancs, et conséquemment sur votre ligne d'opération, ce qui arriverait, s'il était maître des provinces qui se trouvent sur la doite et la gauche de votre marche; car alors, plus vous avanceriez dans le pays, plus vous avanceriez votre perte; bientôt vous n'auriez plus de communications avec vos dépôts, votre ligne serait détruite, vous seriez entièrement enveloppé et perdu.

3° Il faut que cette ligne d'opération vous conduise à quelque objet essentiel, autrement dix campagnes, quoique fort heureuses, finiraient par ne vous rien produire d'utile.

Si les difficultés sont toujours en proportion de la longueur de la ligne d'opération, il suit que, toutes choses à peu près égales d'ailleurs, l'armée qui agit sur la ligne la plus courte doit, par là même, avoir à la fin tout l'avantage (en la supposant même inférieure), pourvu qu'elle soit conduite avec prudence et activité.

La ligne d'opération une fois fixée, il s'agit de déterminer tous les mouvements qui, partant de cette base, doivent tendre au but de la guerre ; c'est-à-dire à la plus grande somme de maux que l'on doit faire éprouver à son ennemi pour le forcer à la paix la plus prompte et la plus solide. Mais où trouver des règles et des moyens suffisants pour déterminer l'enchaînement successif de ces opérations soit défensives, soit offensives? Les observations suivantes me semblent jeter un grand jour sur la marche que l'on doit tenir.

La guerre ne serait point un art, si elle n'avait des principes invariables; mais il y aurait de la témérité à vouloir les rendre entièrement physiques et à prétendre conduire ses opérations au point d'en assurer le succès; sans donner dans l'esprit de système, ne pourrait-on pas établir une méthode générale qui, en s'accommodant aux circonstances des temps et des lieux, rendît du moins les opérations plus sûres et le succès moins douteux? A force d'art on est parvenu à être moralement assuré d'emporter une place, du moment qu'on peut en former le siége; pourquoi ne pourrait-on pas également, dans la guerre de campagne, s'assurer d'avance de faire telles ou telles opérations, de les conduire jusqu'au point qu'on aurait projeté, partir ensuite de là pour en former de nouvelles? Une telle méthode demande dans le général encore plus de prudence que de bravoure, plus de génie et des vues plus étendues que d'intrépidité.

Il faudrait pour cela que les militaires, qui veulent parvenir et qui font de l'étude de la guerre leur principale occupation, ne se bornassent point à faire mouvoir une armée sur les mêmes principes qu'ils dirigeraient les évolutions d'un simple détachement; ce détachement n'est que trop ordinaire à ceux qui n'ont point eu de corps considérables à commander.

Mais si les uns renferment leur génie dans des bornes étroites, lorsqu'ils peuvent lui donner un essor plus noble et plus vaste, il en est aussi qui tombent dans un excès contraire et qui, se livrant trop à eux-mêmes, veulent tout embrasser dès le premier coup d'œil, qui par une impétuosité naturelle font mouvoir une armée comme un détachement de troupes légères.

La guerre est un métier qui exige beaucoup de réflexions ; il n'est point d'art où, comme on l'a dit plusieurs fois, il y ait plus de principes ; mais ils ne peuvent être appliqués que relativement au terrain et aux mouvements de l'ennemi. Les méditations les plus profondes, les mesures les mieux prises peuvent être dérangées par un seul mouvement de son adversaire. S'il ne s'agissait que d'aller en avant pour faire des conquêtes, le plus audacieux serait le plus grand capitaine, et tout général d'armée prendrait ce parti ; mais il ne suffit pas d'avancer, il faut auparavant avoir combiné les raisons pour lesquelles on marche en avant et prévoir les moyens pour se retirer sûrement.

Dans un siége on ne va point d'abord au corps de la place et l'on ne laisse point derrière soi les ouvrages avancés ; on commence par les ruiner avec l'artillerie, on les attaque ensuite ; si l'attaque réussit, on s'y loge, de là on forme une autre attaque sur un autre ouvrage, et insensiblement on avance vers le corps de la place. Si après s'être logé sur la crête de la partie du chemin couvert que tient le front de l'attaque, on néglige les deux demi-lunes qui couvrent les courtines et qu'on ne fasse brèche qu'au bastion de la place, jamais on ne parviendra à le prendre, parce que ces ouvrages avancés étant entiers et garnis de soldats et d'artillerie, dont la communication avec la place ne peut être interrompue, empêcheront certainement les assiégeants de parvenir jusqu'au corps de la place.

Il en est de même d'une armée en campagne; si elle avance toujours et qu'elle laisse derrière elle des villes ennemies fortifiées, des forts, même des postes retranchés; s'il lui arrive un échec ou qu'elle soit obligée de reculer, il lui sera très-difficile de se retirer sans être coupée et assaillie de toutes parts par ces postes qu'elle a négligé de prendre.

Les guerres d'Italie sous Charles VIII, sous Louis XII et François Ier sont des exemples qui prouvent combien les pointes et les invasions subites dans un pays éloigné sont dangereuses; elles exposent non-seulement l'armée, mais encore l'Etat. On voit assez combien il est nécessaire, pour prévenir de telles fautes, d'établir des principes généraux et physiques d'où l'on puisse faire émaner des combinaisons particulières pour toutes les opérations d'une campagne.

On peut comparer les opérations d'une guerre offensive avec celles d'un siége; la ville que l'on attaque est le point où l'on veut arriver, le dépôt général de la tranchée est un centre d'où ressortent les différentes branches qui doivent porter du secours aux parallèles.

Quand on peut avancer sûrement et méthodiquement sur une place, la droite et la gauche d'une parallèle doivent être appuyées, et la communication de la parallèle avec son dépôt général doit être bien couverte et très-facile. Il est encore de principe que l'on ne doit songer à former de seconde ni de troisième parallèle pour avancer vers le corps de la place que lorsque la première est bien établie et que les entrepôts de tranchée, placés à portée des crochets ou zigzags que l'on pousse en avant pour former la seconde et la troisième parallèle, sont bien assurés. Ces entrepôts sont destinés à faire passer les secours nécessaires aux attaques des ouvrages; s'ils n'avaient point de communication libre avec le dépôt général, ils se trouveraient épuisés et hors d'état de fournir les têtes des parallèles avancées, et si ces parallèles ne se trouvaient pourvues, le siége serait retardé et les attaques projetées manqueraient bientôt.

Si les batteries que l'on élève pour ruiner les défenses d'une place n'embrassent pas le feu des ouvrages, si elles n'ont pas une communication aisée avec le dépôt général, si elles ne sont pas appuyées et protégées par les parallèles, si leur service vient à manquer, elles ne peuvent faire taire le feu de l'ennemi, et la difficulté que les troupes trouveront à venir à leur secours peut occasionner leur enlèvement.

On n'a avancé tous ces différents principes, qui

sont les éléments sur lesquels portent les opérations d'un siége, que pour faire sentir leur analogie avec ceux d'une campagne. La province ou le pays qu'on veut conquérir a toujours un point principal où l'on doit avoir pour but d'arriver [1].

En s'avançant dans le pays, ne peut-on point former une première parallèle et faire du dépôt général des subsistances comme du dépôt général de tranchée? Les communications du dépôt des subsistances doivent être libres et assurées à la droite et à la gauche de la première parallèle, que l'on établit dans le pays ennemi ; pour former cette parallèle on doit s'emparer d'une droite ou d'une gauche d'un point où l'on trouve un poste avantageux, et sans songer d'abord à aller en avant, s'attacher à appuyer solidement cette parallèle en s'emparant des rivières et des villes qui sont dans sa direction. L'on doit se faire un principe de ne point songer à pousser la seconde parallèle que cette première ne soit établie, et que l'on ait bien assuré la communication des rivières et des villes qu'on y rencontre avec le dépôt général de ses subsistances. On

1. La ligne d'opération qui doit y conduire sera tracée sur les points de la frontière ennemie qui offrent le plus de facilité aux mouvements de l'armée, et le moins d'avantages à l'ennemi pour s'y opposer. Encore d'après ce principe de la guerre des siéges, de choisir les fronts les plus faibles de la place que l'on attaque, pour que les travaux cheminent plus aisément sur leurs prolongements.

doit suivre ce même principe quand on veut avancer d'une première à une seconde parallèle, d'une seconde à une troisième, et ainsi des autres.

De même que, dans les opérations d'un siége, on établit des entrepôts de tranchée à portée des crochets que l'on pousse en avant, on doit aussi, dans la première parallèle que l'on établit dans le pays ennemi, former des entrepôts de magasins, tant en vivres qu'en munitions, afin qu'ils circulent du dépôt général dans toutes les parties de la parallèle.

En suivant ce principe, le projet d'une campagne paraît moralement infaillible, ou si, par des événements imprévus, le succès en était retardé, il ne peut jamais en résulter rien de funeste, et l'on reste toujours le maître du terrain sur lequel on a assuré cette première parallèle; d'ailleurs quand même on aurait employé tout le temps de la campagne à établir cette première parallèle, ce ne serait point un temps perdu, puisqu'il servirait à assurer solidement ses quartiers d'hiver et préparer les mesures qui restent à prendre pour la campagne suivante.

Comme dans un siége on avance quelquefois des parallèles hasardées, lorsque celui qui défend la place n'y met pas les obstacles auxquels on avait lieu de s'attendre, on trouve aussi quelquefois dans une guerre offensive des succès inattendus, des occassions favorables d'établir deux parallèles, même trois dans le cours d'une campagne; mais il est de la prudence d'un général de ne se laisser éblouir par un début brillant, de ne pas perdre de vue le point d'où il est parti et celui où il veut arriver; il doit toujours avoir pour objet fixe que les établissements de ses parallèles dans le pays ennemi soient assurés de façon que les quartiers d'hiver qu'il veut prendre aient une communication sûre et facile entre eux et surtout que celle qu'ils ont avec le dépôt général des subsistances ne soit pas susceptible d'être interrompue. Ce dépôt servira à établir les différents entrepôts qui doivent faire avancer l'autre parallèle dans la campagne suivante.

Un général doit, autant qu'il le peut, éloigner l'ennemi du pays de son prince; il doit aussi faire en sorte de lui rendre la guerre moins onéreuse, en établissant ses quartiers d'hiver sur le pays conquis. Si, pendant la campagne, il a établi une parallèle, elle formera la première ligne de ses quartiers; s'il en a pu établir deux, ses quartiers en seront d'autant mieux disposés; les troupes qui y sont établies seront à portée de se joindre facilement et de se secourir.

On peut comparer les détachements que l'on envoie à la guerre pendant le cours d'une campagne aux différentes batteries que l'on élève pendant le cours d'un siége, comparaison qui paraîtra encore plus juste lorsqu'on la suivra dans toutes ses parties.

En effet, les batteries que l'on élève le long d'une parallèle ont pour objet de prendre les ouvrages de la place de revers ; les détachements de guerre doivent avoir pour but de prendre sur le flanc de l'ennemi des positions qui incommodent ses subsistances et qui embarrassent sa communication avec ses dépôts. Les batteries dans un siége doivent en imposer par un feu supérieur à celui de la place, les détachements à la guerre doivent avoir pour but de contenir l'ennemi, de le harceler, de protéger des fourrages et d'étendre des contributions dans une de ses provinces; le feu d'une batterie bien servie anime l'ardeur du soldat; le succès des détachements que le général envoie à la guerre lui attire la confiance de l'armée. Les batteries d'une tranchée ont encore pour objet de protéger l'attaque d'un ouvrage, d'aider à pousser en avant les boyaux qui doivent établir la troisième parallèle sur les chemins couverts. De même les gros détachements sont destinés à marcher en avant, à s'emparer de la droite ou de la gauche d'un pays, pour couvrir le gros de l'armée dont ils sont suivis pour y établir la parallèle que l'on a projetée.

Ainsi qu'une batterie qu'on aurait placée trop en avant de la parallèle pourrait être facilement enlevée, de même un détachement que l'on hasarde trop en avant de l'armée est exposé à recevoir un échec qui retarde souvent toutes les opérations d'une campagne. On est quelquefois obligé d'abandonner une batterie, parce qu'elle se trouve établie trop légèrement et sans communication avec les entrepôts de tranchée, ainsi un corps détaché à la guerre, dont la communication n'est point soutenue, est obligé de se retirer, et par la même raison qu'on ne doit jamais dans un siége faire avancer des batteries qui puissent devenir inutiles dans la suite, tout général qui commande une armée doit avoir pour principe de ne jamais hasarder de gros corps en avant, à moins qu'il ne soit comme assuré qu'ils ne seront pas obligés de reculer.

Il est aisé de voir, en suivant toutes les parties de ce parallèle (qu'on ne fait ici qu'effleurer), les rapports que la guerre de siége et celle de campagne ont entre elles. De tous ces rapports il semble résulter que les principes qui servent à la conduite d'un siége peuvent servir de règle à celui qui forme le projet d'une ou de plusieurs campagnes; que cette règle s'étend non-seulement à la guerre offensive, mais qu'on peut encore s'en servir pour la défensive, en prenant le contraire de tous les rapports qu'on vient de détailler.

En effet, celui qui défend une place a pour but de retarder les établissements des parallèles et des batteries de l'ennemi. Celui qui défend un pays doit avoir pour objet, en combinant les distances, de s'emparer des lieux où l'ennemi qui attaque voudrait établir ses magasins. C'est l'établissement de ces magasins que les détachements envoyés par celui qui défend un pays doivent retarder ou détruire.

Enfin, soit dans la guerre offensive, soit dans la défensive, il serait impossible de détailler tous les rapports qu'il y a entre la manière de diriger un siége et celle de conduire les opérations d'une campagne. Plus on réfléchira sur l'histoire des grands hommes de guerre, et sur les différentes actions où ils se sont trouvés, plus on se confirmera dans le principe qu'on a tâché de développer ici.

Le plan d'opération une fois arrêté, on vient au matériel de la guerre, c'est-à-dire au rassemblement des troupes et à la composition de l'armée, ce qui est soumis à des règles différentes suivant l'espèce de guerre. Il n'y a que deux manières de faire la guerre, c'est-à-dire en attaquant ou en se défendant; c'est sous ces deux aspects que je vais considérer le rassemblement de l'armée et les différentes précautions que l'on doit prendre dans ces deux suppositions.

Matériel d'une campagne.

Le projet de guerre étant décidé, on détermine le

nombre de bataillons et d'escadrons dont doit être composée l'armée, relativement à l'espèce de guerre qu'on va faire et à la constitution du pays où l'on doit agir. On règle aussi l'état des troupes destinées à garder les places frontières pendant la campagne, enfin la quantité de pièces d'artillerie et de pontons qui doivent marcher avec chaque armée.

Si le pays où l'on a résolu de porter la guerre est de plaines, il est à propos que la cinquième ou au moins la sixième partie de l'armée soit de la cavalerie, c'est-à-dire que sur 20 000 hommes il y ait 3 ou 4000 chevaux ; mais si c'est un pays de montagnes ou entrecoupé de bois, de ravins, et qu'il y ait des siéges à faire, un septième de cavalerie suffirait, même moins, suivant d'autres circonstances particulières. D'ailleurs on doit aussi consulter la fertilité du pays, et ne déterminer le nombre de sa cavalerie qu'à raison de ce que le pays où l'on fait la guerre est plus ou moins abondant en fourrages.

Le nombre des troupes, avec lesquelles on veut agir, étant fixé, les brigades et divisions étant formées, les généraux qui doivent les commander ayant reçu leur nomination, on songe à rassembler l'armée, d'après un tableau ou ordre de bataille déterminé. Le rendez-vous de l'état-major général est donné communément dans la place frontière la plus à portée du train où le général s'est proposé de réunir l'armée. Les officiers généraux ont ordre de se trouver au jour marqué, soit dans le quartier-général, soit dans les villes voisines où ils reçoivent les instructions particulières du général en chef.

L'exemple suivant fixera les idées sur la manière de rassembler une armée et d'en combiner la sortie des quartiers avec le début de la campagne.

En 1747 les troupes françaises furent cantonnées, dès l'ouverture de la campagne, sur la Dyne et la Senne, pendant que M. le maréchal de Lowendal s'emparait de l'Ecluse, Issendik, le Sas de Gand et Philippine, et M. de Contades prenait les forts de la Perle et Lieskenzoeck, Hulst et Axel. Sur la fin de cette campagne, M. de Lowendal prit Bergopzoom, le fort Frédéric Henri, les forts de Lillo et de Sainte-Croix. C'est sur cette position qu'il faut se régler, pour avoir une idée de l'ouverture de la campagne de 1748.

Louis XV ayant résolu d'ouvrir la campagne de 1748 dans les Pays-Bas, par le siège de Maestricht, il en concerta le plan et les moyens avec M. le comte d'Argenson, et avec M. le maréchal comte de Saxe.

Un projet aussi grand exigeait autant de finesse que d'habilité dans le rassemblement et les mouvements de l'armée. En effet, pour investir Maestricht, il fallait faire marcher des troupes des deux côtés de la Meuse. Mais chacun de ces deux corps devant être livré à ses propres forces, il convenait d'en concerter les mouvements de façon que les ennemis fussent accablés par la manœuvre même et ne pussent sans danger évident se porter sur l'un des deux. Il fut donc réglé que pendant que M. de Lowendal, chargé du commandement du corps destiné à marcher par la rive droite de la Meuse, traverserait le Luxembourg pour se porter sur Limbourg ou Verviers, et même sur la Geule, s'il n'y trouvait point d'opposition, M. le comte de Saxe donnerait de son côté des jalousies sur Bréda, afin d'occuper les alliés à cette gauche qu'il devait abandonner tout d'un coup pour se rabattre par la chaussée de Liège sur Tongres, et se présenter au-dessous de Maestricht au jour convenu.

La saison et les distances mettant des obstacles à la prompte réunion des troupes alliées, il était à présumer que Maestricht ne serait protégé que des Autrichiens qui, dès qu'il apprendraient la marche de M. le Maréchal de Lowendal, marcheraient sur la Veze pour lui en disputer le passage. Mais en ce cas ils laissaient à M. le maréchal de Saxe la facilité de jeter son pont au-dessous de la Geule, ce qui, leur coupant toute communication avec les autres alliés, les devait obliger de se jeter dans Maestricht, et l'armée des alliées se trouvait alors séparée de façon à ne pouvoir plus tenir la campagne.

Dans les premiers jours du mois de mars, les troupes françaises commencèrent à se mettre en mouvement. Leur départ fut si précipité qu'on n'attendit ni les recrues ni les officiers absents par congé. Pour donner le change à l'ennemi, toutes les troupes qui devaient composer l'armée dans les Pays-Bas eurent les ordres pour se rendre sur la Nethe, la Dyle ou dans le Hainault. Et, en effet, toute l'infanterie qui avait hiverné dans la Flandre, et partie du pays conquis, et même toute la cavalerie suivirent cette destination. Mais les troupes qui avaient hiverné dans les évêchés reçurent, chemin faisant, différents contre-ordres pour s'arrêter à Longwy, Montmédy, Carignan et Sédan.

Quoique les ennemis témoignassent d'abord assez d'indifférence des ordres donnés pour rassembler dans Anvers un équipage de siége, dès qu'ils apprirent les mouvements de ces troupes, ils jugèrent convenable de prendre quelques précautions. Ils donnèrent des ordres pour faire sortir leurs troupes des quartiers et résolurent de les rassembler en trois corps, l'un à droite sous Bréda, l'autre au centre vers Eyndoven, et un troisième sous Maestricht. Ils firent établir des magasins dans cette communication, pour pouvoir plus commodément se porter de droite et de gauche. Ils chargèrent aussi M. le comte de Chanclos de veiller à la sûreté de Maestricht et de faire dans ses environs une espèce de camp retranché, en tirant une ligne sur la rive droite de la Meuse, depuis la hauteur de Berg jusqu'à Maestricht.

M. le maréchal comte de Saxe, ayant pris les derniers ordres du roi, partit de Paris le 18 mars, et fit son entrée à Bruxelles le 20. Sans y paraître occupé des opérations de la campagne, il travaillait cependant à l'exécution du projet résolu tant avec M. Crémille qu'avec M. le maréchal de Lowendal. Les arrangements nécessaires pour les mouvements des troupes qui devaient marcher à la rive droite de la Meuse (pour l'investiment de Maestricht) furent envoyés peu de jours après que M. le maréchal de Saxe fut arrivé à Bruxelles. En voici un précis.

Lettre de M. le maréchal de Saxe au marquis d'Armentières, lieutenant-général, commandant à Ath.

Bruxelles, le 25 mars 1748.

Ayant jeté les yeux sur vous, Monsieur, pour commander une division faisant partie du corps des troupes qui doit servir sous les ordres de M. le maréchal de Lowendal, j'ai l'honneur de vous écrire cette lettre pour vous prier de vous rendre à Namur, le 29 de ce mois, où l'officier qui y commande vous remettra de ma part un paquet contenant une instruction sur ce que vous aurez à faire, à laquelle je vous prie de vous conformer dans tout ce qu'elle contient. Ayez attention, je vous prie, de ne mener que très-peu d'équipages, et surtout aucune sorte de voitures.

J'ai l'honneur d'être, etc.

Pareille lettre fut écrite à MM. de Montbarrey et de Saint-Germain, maréchaux de camp, employés, l'un à Namur et l'autre à Louvain, pour arriver le 29 mars, l'un à Givet et l'autre à Longwy. C'est sur une lettre de M. le comte d'Argenson, que les officiers-généraux ci-après, qui n'étaient pas employés à la frontière, eurent ordre d'être rendus le même jour 29, savoir, M. de Montmorin, maréchal de camp à Carignan; M. de Lorges, maréchal de camp à Sédan; et Mylord Tyrconet, maréchal de camp à Montmédy.

Mémoire instructif de M. le maréchal de Saxe pour M. le maréchal de Lowendal.

Ayant déjà entretenu M. de Lowendal du plan général de l'opération projetée, ainsi que de la part principale qu'il doit y avoir, il ne reste plus qu'à lui remettre :

1° Un état des troupes qui sont sous ses ordres.

2° Un tableau par lequel il verra le jour que chaque division qui en fait partie doit déboucher de son rendez-vous ; les chemins que toutes auront à tenir et les points où elles se réuniront les unes aux autres.

3° Une copie des instructions particulières que j'ai fait remettre à l'officier-général qui conduira chaque division. Je lui rappellerai seulement ici, ce que je lui ai déjà dit par rapport à la marche de la 5e et de la 6e division, qu'il sera le maître de faire rendre par les chemins les plus courts, si, par les nouvelles qu'il pourra se procurer des mouvements des ennemis, il croyait pouvoir le faire sans se compromettre.

Il est certain que si M. de Lowendal ne trouvait qu'une faible opposition à sa marche par le plus court chemin, l'investissement de Maestricht se ferait plus promptement, parce qu'il est à croire que les ennemis n'ayant pas eu le temps de rassembler un corps de troupes assez considérable pour s'opposer à sa marche, oseront d'autant moins se tenir en deçà de la Geule, qu'ils craindront que je ne leur coupe toute retraite ; de sorte qu'ils abandonneront Maestricht à ses propres forces.

Le deuxième avantage qu'on retirerait de cette marche de M. de Lowendal serait de nous rendre maîtres, trois ou quatre jours plutôt, d'un passage sur la Meuse dans les environs de Liége; ce qui nous facilitant la navigation de cette rivière, diminuerait considérablement les difficultés par rapport aux subsistances, à l'artillerie et aux munitions de guerre, aux provisions de bouche et de fourrages qu'il faudra faire descendre de Namur.

Malgré tous ces avantages, je sens bien qu'il peut se rencontrer dans cette marche des contre-temps et des obstacles insurmontables, et que ce sont les circonstances qui peuvent seules décider M. de Lowendal. Ainsi je me contente de lui en présenter l'objet avantageux, sans lui déguiser en même temps le risque et le danger qui se trouveront peut-être à l'entreprendre.

Il verra par ses instructions que, s'il se décide à aller par Durbuy à Liége, il serait nécessaire en ce cas là qu'il fît escorter par un détachement de ses troupes la partie du convoi qu'il devra faire passer à Roumont et à Bastogne, pour les quatre divisions de la droite.

Dès que je me serai facilité un passage dans les environs de Liége, je n'aurai rien de plus pressé que de lui donner de mes nouvelles. Je le prie de me donner des siennes le plus souvent qu'il lui sera possible, et par toutes les voies dont il pourra se servir [1].

1. Les six divisions qui devaient marcher aux ordres de M. le maréchal de Lowendal formaient un corps de 59 bataillons et de 29 escadrons, indépendamment de quelques compagnies franches.

Voici la route que devaient tenir ces six divisions.

La première division, composée de 20 bataillons et de 7 escadrons, plus de la compagnie de Rosemberg, de 6 pièces de canon de 4 et d'un détachement de Royal-artillerie, devait partir de Longwy le 1er avril, aux ordres de M. de Saint-Germain, pour aller à Arlon, le 2 à Martelange, le 3 et 4 à Bastogne, le 6 à Saint-Viet, le 7 à Malmédy, le 8 à Verviers ou Limbourg.

La deuxième division, aux ordres de milord Tyrconel, devait partir le 1er avril de Montmédy pour aller à Nirton, le 2 à Tintigni ou Villers sur Semoy, le 3 à Remy-Champagne, le 4 et 5 à Bastogne, le 6 à Homphalise, le 7 à Salm, le 8 à Stablo, le 9 à Verviers ou Limbourg. Cette division était de 12 bataillons et 7 escadrons.

La troisième division, composée de 6 bataillons et de 2 escadrons, devait partir le 1er avril de Carignan, aux ordres de M. de Montmorin, pour aller à Chiny sur Semoy, le 2 à Neufchâteau, les 3 et 4 à Bastogne, le 5 à Homphalise, le 6 à Salm, le 7 à Stablo, le 8 à Verviers ou Limbourg.

La quatrième division était de 5 bataillons et de 4 escadrons; elle était commandée par M. le comte de Lorges, qui devait, en partant de Sedan, aller le 1er avril à Bouillon, le 2 à Palisseu, le 3 à Saint-Hubert, les 4 et 5 à Roumont ou Giveroy, le 6 à Homphalise, le 7 à Salm, le 8 à Stablo, le 9 à Verviers ou Limbourg.

La cinquième division, composée de 5 bataillons et de 4 escadrons, devait, aux ordres de M. de Montbarrey, aller le 1er avril de Givet à Rochefort, le 2 à Marche-en-Famine, les 3 et 4 à Roumont ou Giveroy, le 5 à Homphalise, le 6 à Salm, le 7 à Stablo, le 8 à Verviers ou Limbourg.

La sixième division, composée de 11 bataillons et de 5 escadrons, plus de la compagnie de Fischer, et de 4 pièces de canon de 4, était commandée par M. d'Armentières. Elle devait partir de Namur le 1er avril pour aller à Chiney, le 2 à Marche, le 3 à Roumont ou Giveroy, le 4 à Homphalise, le 5 à Salm, le 6 à Stablo, le 7 à Verviers ou Limbourg.

Les 6 divisions de la rive droite de la Meuse étant parties le 1er avril pour leur destination, M. de Neuperg eut d'abord de l'inquiétude pour Luxembourg. Mais bien loin de songer à troubler la neutralité de ce duché, l'on y marcha dans le plus grand ordre, et M. de Saint-Germain ayant trouvé un bataillon du régiment autrichien Prince de Ligne, le traita comme comme troupes neutres et ne le fit point prisonnier.

M. le maréchal de Lowendal avait fait prendre, par

M. le chevalier de Soupir, aide-maréchal des logis de l'armée, des connaissances du chemin le plus court pour marcher à Verviers. Ayant jugé préférable de faire aller la cinquième et la sixième division de Marche-en-Famine, à Barvaux et Durbuy; elles y séjournèrent le 4 et le 5; elles en partirent le 6 pour Auvailles, d'où elles arrivèrent le 7 à Verviers. M. le maréchal de Lowendal cantonna dans les environs de cette ville avec ces deux divisions, et avec celle de M. le comte de Saint-Germain, qui, n'ayant point trouvé d'obstacles sur la route, s'y était rendu le même jour.

M. le maréchal de Lowendal alla camper le 8, la droite à Mecherou, la gauche à Fleron, entre Verviers et Liége. Il resta un jour dans son camp, pour attendre la seconde et la quatrième division. La quatrième, qui ne put se rendre à Verviers que le 9, y fut laissée pour rassembler les voitures de fourrages et de biscuits, qui, devant marcher avec les divisions, n'avaient pu les suivre.

Toutes les troupes destinées pour la rive gauche de la Meuse, à l'exception de quelques régiments de cavalerie, de la brigade des gardes et de celle de la maison du roi, s'étant rassemblées du 29 au 30 mars dans les environs de Bruxelles, elles y cantonnèrent; l'infanterie le long de la Dyle, et dans l'entre-deux de

Lier et d'Anvers ; la cavalerie sur la Senne et sur la Dendre. Les officiers-généraux, qui avaient passé l'hiver dans les pays conquis, furent chargés de la police de ces troupes, et M. de Contades fut envoyé dans Lier, que M. le maréchal de Saxe jugea à propos de faire occuper.

Le projet de porter le fort de la guerre sur la Meuse exigeant des précautions pour les places du côté de l'Escault, M. de Saliers, lieutenant-général, qui commandait dans Anvers, avait eu ordre de tout disposer pour faire partir un convoi qui devait ravitailler Bergopzoom pour trois mois. M. le maréchal de Saxe, se doutant que l'ennemi, qui s'était renforcé du côté de Breda, pourrait l'attaquer, résolut de fortifier son escorte du corps de troupes que commandait M. de Contades dans les environs de Lier, et de marcher lui-même à la tête des troupes qui devaient le protéger ; pour cet effet, il arriva à Anvers le 30 de mars. Il fit en même temps courir le bruit que M. le maréchal de Lowendal devait l'y suivre; mais ce général avait repris la route de Namur. M. le maréchal de Saxe mena tout son état-major à Anvers, et il donna l'ordre aux équipages du quartier-général de se rendre à Malines, où l'on avait envoyé depuis quelques jours une partie de l'artillerie de campagne. L'on juge aisément que toutes ces dispositions avaient pour objet d'ôter à l'ennemi toute inquiétude pour le côté de la Meuse. Afin d'augmenter celle que devait donner aux alliés l'arrivée de M. le maréchal de Saxe à Anvers, M. le comte d'Étrées partit sans équipages le 31 mars, avec un corps de 4 bataillons et de 50 escadrons, les régiments de Grassin et de la Morlière, pour s'avancer à Itéghem. Il passa les Nethes le 1er d'avril, et se rendit à Santhoven, d'où il marcha le lendemain à Kalmthouk, et poussa le 3 au matin un détachement à Nispen, avec ordre de M. le duc de Broglio, qui le commandait, de protéger le convoi destiné pour Bergopzoom. M. le maréchal de Saxe étant parti d'Anvers la nuit du 2 au 3 avril, à minuit, fut rendu au grand jour dans les bruyères en avant de Putte, et il s'y tint sur la dune la plus élevée, pendant que le convoi défilait vers Bergopzoom, visita les fortifications de cette place, et revint s'embarquer au fort Frédéric, d'où il se rendit le 3 au soir à Anvers. Il en partit le 4 au matin, pour aller dîner à Louvain, et de là coucher à Tirlemont, où la division de M. le marquis de Maubourg était arrivée, et avec laquelle il continua sa marche, le 5, pour Saint-Fron. Il ne trouva sur sa route que quelques hussards qui se retirèrent à son approche.

M. le maréchal de Saxe envoya le 6 au matin M. de Planque, lieutenant-colonel du régiment de Royal-

Cantabres, avec ce régiment et la compagnie des Croates, prendre poste dans Hasselt. Il partit en même temps à la tête de l'avant-garde de M. de Maubourg, composée d'un régiment de hussards, de 10 compagnies de grenadiers, de 500 fusiliers et d'une brigade d'artillerie. Cette avant-garde était suivie de 20 escadrons de cavalerie, qui marchèrent sur le revers de la chaussée qu'on avait laissé pour l'infanterie, l'artillerie et les équipages. Dès que M. le maréchal de Saxe eut quitté la chaussée de Liége et pris le chemin de Tongres, il fit marcher dans la plaine sa cavalerie par escadrons, et poussa les hussards sur Tongres, d'où le général Moroz était sorti à 9 heures du matin, n'y ayant laissé que quelques hussards pour observer.

L'infanterie de M. de Maubourg campa derrière Tongres, la droite au Jar. Sa cavalerie fut adossée à la ville, faisant face au Demer; une brigade d'infanterie et un régiment de hussards campèrent en avant sur le chemin de Maestricht; une brigade d'artillerie fut placée sur le rempart de Tongres, et le reste de l'artillerie parqua entre la ville et l'infanterie. M. le maréchal de Saxe, séjourna le 7 dans ce camp, pour y attendre la division de M. de Lautrec.

La division de M. de Lautrec, étant arrivée à Tongres le 7 avril, M. le maréchal partit le lendemain au jour, à la tête d'une avant-garde composée d'un régiment de hussards, de 2000 grenadiers ou fusiliers, d'une brigade d'artillerie et de 26 escadrons de cavalerie, le tout aux ordres de M. de Relingue, maréchal de camp du jour. Cette avant-garde fut suivie du restant des troupes marchant sur deux colonnes.

La colonne de la droite, aux ordres de M. de Maubourg, était formée de deux brigades de cavalerie et de quatre d'infanterie. La colonne de la gauche était composée de 5 brigades d'infanterie, sous les ordres de M. de Lautrec.

Les pontons, l'artillerie et tous les équipages, formèrent une troisième colonne qui marcha dans le centre et sur la vieille chaussée, aux ordres de M. de La Roche-Aymon, lieutenant-général. 100 chevaux et 3 compagnies de grenadiers faisaient l'avant-garde et l'arrière-garde de chacune de ces colonnes, qui avaient à leur tête 100 travailleurs, pour ouvrir les chemins que le voisinage de Maestricht n'avait pas permis de préparer.

M. le maréchal comte de Saxe, se porta de Tongres à Smermaas au-dessous de Maestricht, et y ayant trouvé quelques mauvais bateaux, il s'en servit pour faire passer de l'autre côté de la Meuse quatre compagnies des grenadiers, aux ordres du lieutenant-colonel du régiment Royal-infanterie, qui prit poste sans opposition dans le château d'Opharen. Ces 4 compagnies, qui eurent grande peine à traverser la Meuse, faute de bateliers, ne purent être renforcés qu'à l'arrivée de pontons. Le château d'Opharem était un poste d'autant plus important, qu'étant très-fort par lui-même et à bonne portée du canon, il pouvait protéger la construction d'un pont, auquel M. le maréchal de Saxe ordonna de travailler sur-le-champ. Mais le délai que mirent les pontons à arriver, et la rapidité des eaux de la Meuse furent cause que, quelque diligence que pût apporter M. de Thomassin, capitaine d'ouvriers, le pont ne fut fini que le lendemain à midi. Ces difficultés insurmontables empêchèrent d'attaquer les troupes autrichiennes cantonnées dans les environs de Maestricht. M. le comte de Chanclos, qui les commandait, eut le temps de les rassembler sur les hauteurs à la rive droite de la Geule, et de se retirer le 9 au point du jour, par Sittard sur Ruremonde, après avoir jeté dans Maestricht 12 bataillons et 600 chevaux.

M. le maréchal de Saxe ayant, chemin faisant, de Tongres à Smermaas, masqué Maestricht dans l'entre-deux du Far à la basse Meuse, avec plusieurs détachements de cavalerie, les hussards qui parurent n'osèrent pas s'avancer pour inquiéter ses équipages, et se tinrent toujours sous le feu du chemin couvert de la place.

Les divisions de MM. de Maubourg et de Lautrec campèrent sur deux lignes derrière le ruisseau de Lonacken, la droite à Smermaas, la gauche vers le hameau de Confelt. La cavalerie fut placée tout à fait à la gauche, et l'on en poussa quelques régiments vers Kistelt et Montenacken, pour masquer les portes de Maestricht dites de Notre-Dame et de Tongres. Le parc de l'artillerie fut établi, partie proche Smermaas, partie proche Vestreset. On laissa sur la hauteur de la rive gauche de la Meuse, qui domine le château d'Opharem, la brigade d'artillerie qui y avait été placée pour protéger le passage de la rivière. Cette brigade n'est rentrée dans le parc que le lendemain de l'ouverture de la tranchée. M. le maréchal-général prit son logement dans l'abbaye d'Hoilten, qu'on couvrit de la brigade de Royal-la-marine. Le quartier général fut établi à Petersheim et Lonacken.

La division de M. le comte de Graville, composée de 11 bataillons et de 24 escadrons, arriva le 8 à Tongres, et le 9 devant Maestricht. Elle occupa les intervalles qu'on lui avait laissés dans la ligne. Le régiment des grenadiers royaux de Châtillon, qui faisait partie de cette division, fut envoyé avec les hussards de Beausobre pour prendre poste dans la ville et château de Ruckem.

M. de Brézé campa le 6 et le 7 à Horelle, avec un

corps de 11 bataillons et de 17 escadrons. Il se porta le 8 à Saint-Valbourge, faubourg de Liège, et y séjourna le 9 pour attendre M. le maréchal de Lowendal, qui n'était pas encore arrivé à sa hauteur, et à qui il devait faire passer un convoi de pain. M. de Brezé fit, ce même jour 9, masquer le fort de Saint-Pierre par des détachements, à l'arrivée desquels l'ennemi replia dans la ville un petit camp de cavalerie qu'il avait sur le Lichtemberg. M. de Brezé ayant marché le 10 avec sa division pour aller camper vis-à-vis le fort Saint-Pierre, Maestricht fut investi à la rive gauche depuis la haute jusqu'à la basse Meuse.

Cependant M. de Lowendal ayant fait occuper Limbourg par la compagnie de Fischer, et par les hussards de Rougrave, avait campé le 10 à Bombay, entre la Bervine et le Foran. Il arriva le 11 à Opharem, au-dessous duquel il appuya sa gauche. Il ne put cependant bien former l'investissement de Maestricht à la rive droite de la Meuse, que le 13 avril, jour où le reste des troupes acheva de le joindre.

M. le maréchal de Lowendal prit son quartier dans le château d'Opharem, pour être plus près des attaques de Maestricht qu'on avait projeté de faire le long de la basse Meuse, l'une à la rive droite, et l'autre à la rive gauche, et dont il devait avoir la conduite. Il donna ses ordres pour qu'on fît deux redoutes sur haute Meuse, l'une entre le moulin de Gronsfelt et le camp, et l'autre entre ce moulin et les ponts que M. de Brezé avait établis. L'objet de ces deux redoutes était d'empêcher les partis de la ville de se glisser le long de la haute Meuse.

M. de Saint-Germain fut envoyé par M. de Lowendal, le 11 à Fauquemont, avec ses dragons, les hussards de Berchiny et de Lindem, et la brigade de Limousin.

M. le comte d'Etrées était arrivé le 11 à Zonoven, n'ayant trouvé sur la route que des hussards, que M. de Forgatz avait laissés pour brûler les magasins qu'on avait préparées du côté de Peer pour les troupes anglaises. Sur la nouvelle de la marche de ces troupes M. le comte d'Etrées avait séjourné à Baalen et à Lindenstraet, dans le dessein de les combattre, mais elles rebroussèrent chemin. M. le comte d'Etrées, ayant séjourné à Zonoven, eut ordre de se rendre le 13 à Hasselt, d'y laisser deux bataillons avec M. le duc de Broglio, et d'envoyer le reste de ses troupes en cantonnement sur l'Herch et sur les Gettes. M. le maréchal le chargea en même temps du soin de fortifier le haut Demer, depuis Hasselt jusques et y compris Eygenbilsen, ce qui le porta à loger dans Bilsen.

Par rapport à la disette des fourrages dans une saison aussi peu avancée, 53 escadrons de cavalerie étaient restés cantonnés dans les villages entre Louvain et Bruxelles, aux ordres de M. du Chaila, et pour que l'ennemi ne pût aller insulter ces quartiers, ni les convois, la Dyle et le Demer étaient gardés depuis Malines jusqu'à Hasselt par 10 bataillons et 16 escadrons, commandés par M. de Contades. Depuis Bilsen jusqu'à la gauche du camp de Lonackem, cette trouée fut gardée par 13 bataillons aux ordres de milord Clare.

Il est impossible de rien voir de plus classique que les préparatifs pour l'ouverture de la campagne précédente. On ne saurait trop les étudier. Il faut bien se garder de croire que le rassemblement de l'armée, à l'ouverture d'une campagne, soit une chose indifférente pour ses résultats ; du plus ou moins de discernement et de soins, qu'apporte le général pour sortir de ses quartiers, dépend souvent le succès des opérations ultérieures. En parcourant avec attention l'histoire militaire des deux derniers siècles, on peut se convaincre de cette vérité, que je vais rendre encore plus sensible en en donnant quelques exemples.

L'histoire militaire de Louis XIV offre trois fautes considérables dans la manière d'assembler une armée qui doit agir offensivement.

La première a été faite en 1667, lorsque le Roi assembla son armée auprès d'Amiens. Elle y était trop éloignée du premier objet d'action qu'on s'était proposé, qui était le siége de Charleroy.

Il ne faut point, sans une nécessité absolue, faire faire une trop longue marche à une armée immédiatement après son assemblée. La raison est que l'on fatigue trop les hommes et les chevaux, qui sortent du repos, et que par conséquent pour le reste de la campagne, l'armée se trouve moins bien servie de ses équipages particuliers, et même de ceux des vivres et de l'artillerie.

Si l'armée du roi eût été assemblée vers le Cateau-Cambrésis, elle n'aurait pas moins donné différentes jalousies aux Espagnols et elle n'aurait pas été si fatiguée qu'elle l'était, lorsqu'elle arriva à Charleroy, où elle fut obligée de faire un trop long séjour pour une armée dont l'objet était d'agir offensivement. Car suivant les véritables maximes de la guerre offensive, le premier mouvement doit porter, sans perte de temps, à l'exécution de l'entreprise méditée.

La seconde faute, même beaucoup plus considérable que celle dont je viens de parler, est celle que fit M. le maréchal de Catinat en 1690, à l'ouverture de la campagne de Piémont.

L'armée française pouvait déboucher également par par la Vallée de Suze et par Pignerol, les troupes de M. le duc de Savoie étaient encore, dans ce temps-là, répandues en quartiers sur les frontières. Il eût donc été judicieux, dit avec raison M. de Feuquières (pour commencer la guerre par une offensive avantageuse) d'assembler l'armée dans un bon pays, d'où elle pût empêcher les troupes de Savoie de s'assembler pour protéger Turin. Tous ces avantages se trouvaient sur la plaine de Millefleurs[1] près de Turin, également à portée des deux débouchés de la vallée de Suze et de Pignerol.

Cette manière d'assembler l'armée lui eût acquis la supériorité pour toute la campagne, et la portait tout à coup sur le grand objet de la campagne, qui était Turin. Mais au lieu d'assembler l'armée de cette manière, le maréchal de Catinat sortit de la vallée de Suze, où il était, avec une partie de son armée. Il ne fit que la montrer à Turin, vint chercher l'autre partie qui était auprès de Pignerol, et se campa à Macel, où il resta plusieurs jours. Par cette faute dans la manière d'assembler son armée, M. le duc de Saveie gagna tout le temps dont il eut besoin pour assembler ses troupes auprès de Turin, et pour se faire joindre des Espagnols, qui vinrent du Milanais avec tout ce que qu'ils purent tirer de troupes de cet état.

Cette mauvaise manœuvre de M. de Catinat eut de

1. *Millefiori*. Le roi de Sardaigne y avait une belle maison de campagne.

l'influence sur toute la guerre de Piémont, qui à sa déclaration pouvait et devait même être d'une offensive aussi brillante que décisive ; puisqu'il était à peu près certain que l'armée du duc de Savoie n'aurait pu se rassembler, et que Turin dès cette première campagne eût été la conquête des Français.

M. le maréchal de Catinat commit une nouvelle faute, lorsqu'il assembla l'armée française en deçà de l'Adige. Je sais qu'on l'a excusé, en rejetant tout sur les ordres de la cour, qui défendaient d'entrer dans les États de la république de Venise. Mais au moins cette faute capitale ne peut avoir d'excuse du côté de la cour qui devait connaître la constitution de ce pays, et savoir qu'en portant d'abord l'armée jusqu'aux débouchés du Tyrol et du Trentin il devenait impossible à M. le prince Eugène de sortir en corps d'armée de ces défilés, de combattre les Français postés avantageusement aux débouchés, et de le faire subsister en cavalerie dans une plaine dont il n'aurait pas été le maître.

Quoique les principes que nous avons posés soient suffisants pour indiquer les règles que l'on doit suivre dans la formation d'un plan de campagne, pour ne rien laisser à désirer, je vais traiter chaque espèce de guerre en particulier, et entrer dans tous les détails dont chacune est susceptible[1].

1. J'ai cru indispensable d'entrer dans tous ces détails préli-

Guerre offensive.

La guerre offensive une fois résolue, il y a une infinité de précautions à prendre, tant à l'égard du dehors que du dedans.

Les précautions au dehors sont les alliances et les sûretés, pour n'être point troublé dans l'expédition méditée; les levées étrangères, soit d'hommes ou de chevaux, et les achats de munitions de guerre, si on ne les a pas dans son pays, soit pour augmenter celles qu'on a, soit pour les ôter à l'ennemi. On cite, avec raison, ce trait de prévoyance de M. de Louvois qui, dans les préparatifs de la guerre de 1672, fit faire secrètement tous les achats en Hollande, et mit par là les Hollandais au dépourvu, quand ils voulurent former des magasins à leur tour; mais, pour cette occasion, et quelques autres encore où il est avantageux d'acheter chez l'étranger, il l'est presque toujours de consommer les denrées de son propre pays.

Les précautions au dedans sont la sûreté des fron-

minaires pour ne pas trop surcharger d'exemples les règles que je vais poser, et en même temps ne rien laisser à désirer sur une matière assez importante pour engager à toutes les recherches qui peuvent jeter un nouveau jour, tant sur sa théorie que sur sa pratique. Cette introduction suffit pour guider le lecteur et le mettre à même de juger de la vérité des principes que j'avancerai.

tières éloignées, la levée secrète de nouvelles troupes ou l'augmentation des vieilles; la fourniture des magasins de guerre et de bouche, la construction des chariots de l'artillerie et des vivres, l'achat de leurs chevaux, qu'il faut faire faire, autant qu'il est possible, chez les voisins, tant pour leur ôter lesdits chevaux que pour garder ceux de son propre pays pour l'usage de la cavalerie et pour les équipages particuliers des officiers.

Le secret, avant que l'entreprise éclate, est absolument nécessaire, non-seulement pour n'être point troublé du côté des frontières éloignées, mais aussi afin que l'ennemi qu'on veut attaquer ne puisse pas démêler par où on veut commencer la guerre. Il est nécessaire pour cela que les dépôts de vivres et d'artillerie soient à une portée qui donne également jalousie à plusieurs places de vos ennemis, afin de les obliger à partager leurs forces et leur attention.

Il y a deux manières d'envisager la guerre offensive. Le premier aspect est en supposant que l'on prévient ou surprend l'ennemi. Le second, en supposant que l'ennemi est sur ses gardes et à même de s'opposer à toutes vos tentatives.

Plan de guerre offensive supposant l'ennemi prévenu.

Dans le tracé de tout plan de campagne, la première chose dont l'on doit s'enquérir est de savoir si la surprise est possible. Si l'on peut espérer de surprendre l'ennemi, alors il faut déterminer le moment de l'exécution, établir ses magasins et préparer la marche de ses corps d'armée de manière à ne point éveiller ses soupçons. Les Impériaux ont formé, dans quelques occasions, plusieurs petits magasins à même hauteur pour masquer leur projet de campagne, comme à Braunau, Reichenberg, Aussig et Eger. Mais personne n'a mieux entendu l'art de bien établir ses magasins et ses dépôts que le roi de Prusse, qui a toujours su combiner leurs établissements de manière à donner à l'ennemi plusieurs sujets de jalousie.

Il est des circonstances où il suffit de prévenir l'ennemi de quelques semaines, pour se rendre maître de ses forteresses et de ses provinces et s'assurer la supériorité, non-seulement pour toute la campagne, mais pour toute la guerre. L'irruption du roi de Prusse, en Saxe, en 1756, fut une des causes du succès et de la durée de ses glorieux efforts pendant la guerre de Sept ans.

La connaissance des forces, des ressources de l'ennemi et de son pays servent à déterminer le moment où l'invasion lui sera le plus défavorable. Mais la possibilité et le succès de tout plan d'invasion ou irruption repose sur la disposition préparatoire des magasins, sur la bonté des arrangements pour rendre l'armée mobile et sur la facilité de la faire subsister à mesure qu'elle avance dans le pays ennemi.

Ce n'est pas une petite étude que celle de l'art de faire subsister l'armée en pays ennemi et de déterminer la ligne des villes et des postes qui doivent assurer ses communications. Il est des pays où, relativement à cet objet important, on ne court pas le moindre danger, où la ligne se détermine d'elle-même ; mais il en est d'autres aussi où chaque pas demande de nouvelles précautions. Des pays de hautes montagnes offrent à un ennemi, qu'on y a poussé et qui connaît le pays, plus d'une occasion de se glisser entre vos postes, d'y prendre une position inexpugnable, de couper votre retraite et d'intercepter toutes vos subsistances.

Quelquefois l'ennemi peut céder sans difficultés un pays plat et couvert, sans villes ni forteresses, mais ce n'est que pour un temps, et pour pouvoir profiter de l'extension que l'armée offensive doit y prendre pour tomber en forces réunies sur sa ligne, la couper, en intercepter les communications.

Il est impossible d'éviter ces dangers, à moins d'examiner avec la plus stricte rigueur toutes les ressources qui restent à un ennemi qui, quoique repoussé, connaît le pays et agit en conséquence. Il faut, pour ainsi dire, pénétrer dans l'avenir et juger l'ennemi, non tel qu'il est peut-être effectivement, mais tel qu'il pourrait être, si, rassemblant tous les moyens qui lui restent, il passait alors de la défensive à l'offensive.

Les premiers magasins formés, la ligne de communication déterminée par toutes les hypothèses possibles, il faut alors redoubler d'efforts pour en faciliter le transport à l'armée qui s'en éloigne en avançant dans le pays ennemi. Si le théâtre de la guerre est un pays de hautes montagnes où les passages sont partie difficiles et étroits, partie peu praticables, il faut se précautionner d'un grand nombre de travailleurs, élargir et améliorer autant que possible les défilés et les passages, fortifier même, de distance en distance, des petits postes pour assurer l'arrivée des convois, gâter et embarrasser tous les chemins ou sentiers par où l'ennemi pourrait tenter de se glisser sur les derrières.

Si la guerre devait être de durée, alors il faudrait vaincre la nature, ouvrir des chemins à travers les bois, faire sauter des rochers et diriger ces routes vers les villes ou endroits qui sont le plus favorablement situés pour devenir l'entrepôt des vivres et des munitions qui suivent l'armée. S'il y a des fleuves navigables, il faut chercher à y avoir le plus de bateaux possible, tenter même de rendre navigables les petites rivières; en un mot, ne rien négliger de ce qui peut faciliter la circulation et diminuer les frais des transports. Car s'il faut tout transporter par charrois, outre que l'on augmente de beaucoup la difficulté de l'expédition, on est souvent obligé d'en retarder l'exécution; car il y a tels pays où l'on ne peut entrer qu'en tel ou tel temps, à cause des fourrages.

Le moment de l'entreprise une fois fixé, la manière d'établir les magasins assurée, le rassemblement de l'armée et ses mouvements préparatoires cachés à l'ennemi, la ligne de communication déterminée, le relèvement des vivres du pays ennemi assurant la subsistance de l'armée après son invasion, reste à rendre l'entreprise aussi décisive que les forces de l'ennemi et les siennes peuvent le permettre. C'est ici que la topographie du pays doit être appelée au secours et étudiée avec soin.

Le pays que l'on va attaquer est ou plat et ouvert, ou montagneux et rempli de chicanes et d'obstacles; il est coupé par des rivières, ou il ne l'est pas; il a des forteresses, ou il n'en a pas; l'armée qui le couvre est rassemblée et campée, ou encore dans ses quartiers; chacun de ces objets mérite des considérations particulières, puisqu'ils déterminent la manœuvre et la manière de l'offensive.

Supposons que le pays soit plat et ouvert, ayant en arrière quelques places fortes et que l'ennemi soit encore dans ses cantonnements, on doit alors chercher à couper la ligne de ses quartiers dans plus d'un endroit, et déterminer ses mouvements de façon qu'une des colonnes (autant que faire se peut) puisse s'avancer sur les derrières de l'ennemi avant que celles qui doivent l'attaquer de front commencent leurs mouvements ; ainsi il se trouvera entre deux feux. Si la manœuvre réussit, on doit profiter de ses avantages avec la plus grande vivacité ; il faut pousser ses troupes légères aussi loin que possible, enlever, détruire les magasins, envoyer ses patrouilles devant les portes des villes, se répandre dans tout le pays, mais sans perdre cependant de vue ce qui reste de l'armée ennemie, que l'on doit suivre sans discontinuer de l'inquiéter, cherchant à lui faire abandonner ou à la couper des places fortes, dont la prise doit assurer le succès de vos premières opérations en couvrant le pays conquis et assurant l'irruption dans le pays ennemi.

Il y a trois moyens de pousser l'ennemi en arrière de ses places : 1° en profitant, avec assez de vigueur, de ses premiers avantages pour l'empêcher de se rallieg; 2° par des manœuvres bien combinées; 3° enfin par une bataille.

Une fois l'ennemi en arrière de ses forteresses, on tombe sur elles avec d'autant plus de sécurité qu'il n'y a plus rien en avant de leur ligne qui puisse en empêcher les approches. Alors on les investit, on fait arriver ses convois pour en commencer et continuer le siége avec vigueur. Aussitôt qu'une ville est bien resserrée, on ne laisse devant elle que l'infanterie nécessaire pour en assurer la prise à l'époque qu'on a à peu près déterminée, et, avec le reste de l'armée, on s'avance dans le pays ennemi pour couvrir le siége. Les dispositions locales des environs, celles de la position de l'ennemi déterminent les mouvements ultérieurs.

Si le pays où l'on est entré est plat et ouvert et qu'il ne se trouve vers ses frontières aucunes forteresses, que l'ennemi ait déterminé ses opérations en conséquence de cette faiblesse de frontière, qu'il ait volontairement abandonné le pays, sauvé et rassemblé toutes les troupes qui pouvaient y être, qu'il se soit retiré en arrière dans une position avantageuse pour y gagner du temps et se renforcer des troupes qu'il fait venir de l'intérieur ou des secours qu'il attend de ses alliés; l'armée offensive doit alors avoir la plus grande attention de s'établir solidement dans le pays conquis et employer le temps que, dans le premier cas, je suppose consacré au siége d'une forteresse à fortifier les villes, villages et postes qui peuvent le plus assurer ses magasins, ses derrières et ses communications. Mais il faut, avant tout, examiner d'une manière réfléchie et calculer d'avance ce que l'ennemi pourrait faire, s'il pouvait prendre l'offensive; c'est cela seul qui doit vous guider et servir à déterminer les endroits à fortifier. Car ce n'est pas le tout d'avoir été toute la campagne en sûreté, de n'avoir fait rien de trop hardi ou de trop timide qui ait pu exposer ses conquêtes ou en empêcher de nouvelles, cela n'est rien, c'est le plus aisé; mais il faut encore assurer ses quartiers d'hiver et en établir la ligne de manière à ce qu'elle n'ait rien à craindre pour elle, et qu'elle puisse même servir de base à la campagne prochaine, soit pour pénétrer plus avant dans le pays ennemi et s'y maintenir, soit pour déjouer tous les projets offensifs de son adversaire, quels que soient les renforts qu'il ait pu tirer à lui.

Si le pays où l'on veut faire une invasion est traversé par une grande rivière qui, de ce pays, entre dans le vôtre, et que l'ennemi ait sur cette rivière une forteresse ou une place considérable qui pût lui donner la facilité d'une diversion avantageuse, il est presque impossible de ne pas commencer ses opérations par le siége et la prise de cette place. Cependant il est des cas où l'on peut essayer de simplement masquer cette place pour se porter plus promptement en avant et obtenir des avantages que le siége de la place eût nécessairement retardés. Mais en général cette manœuvre est très-hasardeuse, et le succès n'en justifie pas toujours l'imprudence. Car il est un principe fondamental duquel on ne doit point s'écarter, qui est de ne jamais exposer son pays à des diversions pour se porter plus promptement en avant. Le mauvais succès de la campagne de 1794 vint de n'avoir pas commencé par le siége de Maubeuge, dont la prise couvrait le pays et rendait toute diversion du côté de la Sambre impossible aux Français.

Si le fleuve coule de votre pays dans celui de l'ennemi, et qu'une ville fortifiée ou importante par sa position se trouve située sur son cours, il faut encore préliminairement commencer la campagne par la prise de cette place, afin d'y pouvoir établir ses magasins et être à même de se porter avec sûreté plus en avant dans le pays ennemi. Si la rivière coule parallèlement à vos frontières et à celles de l'ennemi, il faut, s'il est possible, s'établir au-delà avant que l'ennemi puisse en border le rivage et en faire une barrière formidable à tous vos projets. Mais il faut surtout alors assurer ses derrières, et, pour cet effet, se pourvoir d'un grand nombre de pontons, faire enlever au loin tous les bateaux dont l'ennemi pourrait vouloir se servir pour tenter le passage sur une de vos ailes. Une fois de l'autre côté, il faut chercher à se rendre maître d'une place qui assure votre position au-delà du fleuve, sans cela elle serait toujours hasardée; car vouloir livrer une bataille pour rejeter l'ennemi plus en arrière, serait une manœuvre qui ne peut être tentée qu'à la dernière nécessité; encore faut-il qu'une retraite sûrement préparée diminue les dangers de la défaite. Une fois maître d'une place, si la situation de l'ennemi, sa force empêchent et rendent impossible d'étendre ses conquêtes, il faut concentrer l'armée autour de cette place pour en couvrir les réparations, la mettre dans le meilleur état de défense possible, y faire entrer le plus de vivres qu'il est praticable, ravager aux environs la campagne pour augmenter à l'ennemi les difficultés, soit d'un siége, soit d'un blocus, y jeter une forte garnison avec un gouverneur habile, repasser le fleuve et le laisser, pendant les quartiers d'hiver, entre soi et l'ennemi. Dans la campagne suivante, aidé par cette place qui sert comme de tête de pont, on reportera la guerre au-delà; mais alors il faut être le premier en campagne; la force et la ruse doivent être employées pour déjouer et prévenir l'ennemi.

Si le fleuve coupe le pays dans sa largeur, et que de votre côté il y ait une ville fortifiée ou que l'on l'on puisse fortifier, il faut, dans tous les cas, se saisir de cette ville, la fortifier avec la plus grande promptitude (si elle ne l'est pas), se servant, pour cela, de paysans du pays ennemi, couvrir l'ouvrage avec toute l'armée, et ne rien entreprendre avant qu'elle ne soit en bon état de défense.

Plus le fleuve est avancé dans les terres, plus il est difficile d'en devenir le maître; plus il faut être sur ses gardes et chercher à gagner l'amitié des habitants pour qu'en cas d'échec ils ne soient pas contre vous, et que la retraite, toujours très-difficile dans un tel pays, ne devienne pas une ruine totale.

Si le pays où l'on attaque l'ennemi est couvert par des forteresses, il faut s'informer si elles sont toutes également bien approvisionnées, et calculer le temps que le siége de chacune peut demander. Ensuite, on cherche s'il n'est pas possible de pénétrer à travers les places de la première ligne, et d'assiéger une place de la seconde ligne, dont la prise, couvrant une grande partie du pays, assurera la tranquillité du siége d'une place de la première ligne sur laquelle on rabattrait aussitôt après.

Toutes les places ne sont pas d'une égale importance, le plus ou moins d'ouvrages, leur meilleure proportion ne fait rien ici ; c'est la position locale de la ville qui est déterminante ; surtout si l'on ne peut pénétrer dans le pays sans s'en être rendu le maître. Les ingénieurs, dans la construction de leurs places, s'occupent trop de les rendre redoutables par elles-mêmes, sans assez s'embarrasser si elles couvrent bien le pays ; contre celles-ci on n'entreprend rien, mais on marche droit sur celles dont la prise a quelque chose de plus décisif. Voici ce qui doit déterminer le siége de telle ou telle place, dans la guerre offensive, ou son plan de fortification dans la guerre défensive.

Une fois maître d'une place, il faut examiner s'il est plus utile de la conserver comme forteresse ou de la raser ; vouloir tout garder, diminue trop l'armée agissante. On ne garde donc que celles qui, comme forteresses, présentent les plus grands avantages ; c'est-à-dire celles qui assurent vos magasins, vos hôpitaux, vos convois, couvrent vos communications avec votre pays, en éloignent l'ennemi et donnent un accès facile dans le sien. Louis XIV perdit la Hollande, pour n'avoir pas écouté les représentations de ses généraux qui lui demandaient d'en démanteler les places, dont les garnisons affaiblissaient son armée et forçaient pour ainsi dire à la défensive.

Telles sont à peu près les règles que la prudence prescrit dans une campagne où l'on prévient son ennemi ; il serait bien dangereux de ne pas savoir s'imposer soi-même de terme à ses conquêtes, car elles deviendraient la source de ses propres désastres.

Projet de campagne où l'on trouve l'ennemi sur la défensive.

Je suppose qu'il soit impossible de prévenir l'ennemi en campagne, que, quels que soient vos desseins, son armée se trouve rassemblée devant la vôtre pour s'opposer à vos projets.

Le premier soin que l'on doit avoir avant de penser à tout mouvement offensif est de pourvoir à la sûreté de son propre pays, de manière à ne pas craindre qu'une diversion de l'ennemi vous arrête dans vos succès et vous force à revenir sur vos pas pour défendre vos provinces. Le moyen le plus sûr pour parvenir à ce but est de prévoir toutes les hypothèses offensives que l'ennemi pourrait tenter avec quelque espoir de succès. En outre, il faut rechercher si l'ennemi ne peut pas même vous prévenir offensivement avant l'ouverture de la campagne ; s'il ne peut attaquer vos quartiers ; inquiéter et enlever les magasins que vous avez été obligé de porter en avant sur vos frontières pour faciliter et assurer les subsistances de votre armée, une fois entrée dans le territoire ennemi. De pareils événements pourraient vous être très-préjudiciables, retarder de beaucoup l'ouverture de la campagne, vous contraindre peut-être même à renoncer pour toute la campagne à l'offensive et vous réduire à une défensive plus ou moins pénible, selon le plus ou moins d'avantages qu'aurait saisis l'ennemi.

L'expédition de S. A. R. Mgr. le prince Henri au mois d'avril 1759, contre les dépôts et magasins de l'armée autrichienne en Bohême, retarda de plus de deux mois le rassemblement de l'armée ennemie et le rendit maître de toute cette campagne.

Une fois ces précautions bien prises, il faut s'occuper de découvrir les desseins de l'ennemi et tâcher de s'assurer des projets de diversions qu'il pourrait préparer sur tel ou tel point de vos frontières, soit pour vous empêcher d'agir offensivement dès l'ouverture de la campagne, soit pour vous arrêter dans vos succès. « Le plus sûr moyen de découvrir les desseins de l'ennemi avant l'ouverture de la campagne, dit Sa Majesté le roi de Prusse, c'est l'endroit qu'il choisit pour le dépôt de ses vivres. Si les Autrichiens, par exemple, font leurs magasins à Olmutz, on peut être persuadé que leur projet est d'attaquer la haute Silésie et s'ils en font à Konigringratz, la partie de Schweidnitz sera menacée. Quand les Saxons voulurent envahir la Marche-Electorale, leurs magasins montraient le chemin qu'ils prendraient ; car leurs dépôts étaient à Zittau, Gorlitz et Guben qui est le chemin pour aller à Crossen. La première chose dont il faudra par conséquent s'informer est de quel côté et dans quels endroits l'ennemi établira ses magasins. Les Français ont fait de doubles magasins, partie sur la Meuse, partie sur l'Escaut pour empêcher l'ennemi de découvrir leurs desseins. »

Il faut bien se garder de prendre le change et d'être trompé comme les alliés le furent en Flandre en 1748. Le maréchal de Saxe, pour mieux cacher son projet d'opération, fit des démonstrations d'un côté tout opposé à celui qu'il pensait effectivement attaquer. Les alliés, déçus par tous les préparatifs qu'ils voyaient faire du côté d'Anvers, y portèrent assez imprudemment toutes leurs forces ; c'était ce que voulait le maréchal de Saxe qui entra dans le pays avec la plus grande célérité et investit Maestricht. Il est impossible de voir une ouverture de campagne plus brillante ; les détails que j'en ai donnés précédemment ne peuvent être assez étudiés [1].

Si par vos espions, vos agents (dont on doit redoubler l'activité pendant les quartiers d'hiver et le temps qui précèdent l'ouverture de la campagne) vous par-

1. L'ennemi avait ses derrières libres. Il pouvait opposer au maréchal de Saxe une armée d'égale force ; il avait d'ailleurs dans les environs de Maestricht un corps de troupes suffisant pour disputer le passage de la Meuse ; donner le temps au reste de l'armée alliée de rassembler et de venir couvrir Maestricht. Le maréchal de Saxe fut donc obligé de partager l'attention de l'ennemi.

venez à découvrir quelques projets de l'ennemi, il ne faut pas perdre un moment pour les déjouer, sans pour cela renoncer à l'offensive qui n'est pour lors que plus ou moins différée.

Quand on connaît le temps que l'ennemi peut avoir fixé pour son expédition, on rassemble ses troupes dans des quartiiers moins étendus, l'on donne à ses magasins et à ses dépôts de nouveaux emplacements déterminés non-seulement par les projets de l'ennemi; mais encore par le plan de campagne offensif que l'on a préparé et qui doit suivre dès l'instant que l'on aura repoussé les efforts de l'ennemi.

Si le pays sur lequel l'ennemi a dirigé ses vues n'est pas susceptible d'être défendu et que les magasins que vous y avez établis dans l'intention d'agir sur le champ offensivement y soient suffisamment en prise pour déterminer une tentative de l'ennemi, il faut, dès qu'on a des avis certains de ses projets, faire reculer ses magasins dans l'intérieur du pays et replier ses troupes sur une position reconnue en arrière. Le déplacement des grands magasins entraîne tant de peines, de travaux et de perte de temps, que l'on ne doit

Il lui fallut en outre tromper sa vigilance en rassemblant l'armée française plus tôt qu'il ne pouvait rassembler la sienne. La direction des mouvements des troupes françaises, les dispositions pour la marche des colonnes sur les deux rives de la Meuse, sont des modèles de perfection. — Il y a d'autres exemples remarquables à citer, exemple le passage du Rhin en 1800 par Moreau.

l'entreprendre que sur des avis bien certains, et encore après avoir reconnu l'impossibilité de pouvoir les couvrir. Dans le pays que l'on veut abandonner à l'ennemi, il ne faut laisser aucuns dépôts ou entrepôts dont la perte pût influer sur les opérations futures que l'on prépare. Il faut y faire subsister les troupes qui y restent en observation, par de petits dépôts ou convois que l'on fournit à mesure des grands magasins que l'on a retirés en arrière.

Que peut l'ennemi contre des dispositions aussi sages et si bien combinées? Il est probable qu'une fois qu'il en sera bien instruit, il renoncera à ses projets. Car quels avantages pourrait-il en retirer? Le pays qu'on lui abandonne étant ouvert et dénué de magasins, il ne pourrait s'y établir que difficilement et non sans danger; il n'est pas probable, à moins d'une étonnante supériorité, qu'il osât marcher contre l'armée que j'ai supposé concentrée dans une position en arrière, position non-seulement très-forte défensivement, c'est-à-dire pour y attendre une attaque, mais encore située de manière à permettre d'envoyer des détachements sur les derrières de l'ennemi et à inquiéter sa ligne d'opération s'il approchait. Le seul avantage réel que l'ennemi retirera de ces démonstrations sera d'avoir assez reculé le moment où l'on devait l'attaquer, pour avoir eu le temps de renforcer ses préparatifs défensifs, et il est probable qu'il s'en contentera.

Tout danger d'invasion étant prévu et conséquemment toutes les précautions pour en mettre le pays à couvert étant prises, il ne reste plus qu'à prévenir les diversions que l'ennemi pourrait vouloir tenter pendant le cours de la campagne, pour vous arrêter dans vos succès. Il est facile de prévoir toutes les diversions que l'ennemi pourrait exécuter; l'inspection de la carte et la connaissance des frontières des deux états respectifs suffiront pour les indiquer ; c'est d'après le plus ou le moins de vigueur, que l'ennemi sera à même d'y déployer, qu'il faut calculer l'intensité de ses moyens défensifs ; car il faut les proportionner à ceux qu'emploiera l'ennemi. Les corps de troupes, que l'on laisse vers les débouchés qui pourraient faciliter les diversions de l'ennemi, doivent être, soit par le nombre, soit par la force des localités ou des ressources de l'art, en équilibre avec les détachements de l'ennemi. Ce n'est qu'après ces dispositions préparatoires que l'on peut et doit penser à l'offensive; alors on est à même de calculer les forces et les moyens qui restent pour attaquer l'ennemi, en en déduisant ce qui est indispensable pour la sûreté de son pays et de ses communications.

Un plan de campagne offensif ainsi combiné ne

peut guère manquer de réussir. La campagne de 1794 dans les Pays-Bas restera à jamais un monument mémorable des dangers qui menaceront toute armée qui s'éloignera de ces principes. Comment ne prévit-on pas les invasions et les diversions des Français? Comment osa-t-on s'avancer d'une base aussi étroite et aussi peu sûre au milieu du dédale des places fortes de la Flandre? Leurs garnisons, en 24 heures, pouvaient se réunir en sûreté sur les flancs de l'armée alliée, et inquiéter ses communications. Comment, après la prise de trois places en Flandre, put-on imaginer de se porter sur Landrecies, quand Maubeuge avec son camp retranché, Philippeville, en un mot toute la frontière, entre la Meuse et la Sambre, offraient aux Français des points de diversion d'autant plus efficaces qu'ils les portaient sur les communications les plus importantes des alliés, et les mettaient à même de menacer de revers toutes leurs positions et tous leurs mouvements. Ce n'était pas encore assez d'aveuglement. Le camp de la Madelaine, les garnisons de Lille, Douai, et de toute cette portion de pays jusqu'à Dunkerque, devaient tout faire craindre pour la West-Flandre. Que les Français réussissent de ce côté-là ou de celui de la Sambre, tout avantage de leur part arrêtait les mouvements des alliés. Que fallait-il donc faire, me dira-t-on? Il fallait couvrir et assurer son pays, et ensuite penser à attaquer les Français.

La West-Flandre était très-facile à couvrir; quelques inondations faites avec discernement en eussent raccourci la ligne de défense et rendu la défensive à peu près sûre, si on y eût laissé un corps de 30 000 hommes. Quant à couvrir le pays du côté de la Sambre, cela n'était possible qu'après avoir pris Maubeuge. Le siége de Maubeuge devait donc ouvrir la campagne de 1794. L'armée alliée était assez forte pour opposer aux Francais une armée d'observation suffisante pour leur en imposer; et cette armée et celle de siége pouvaient, jusqu'à la prise de la place, être assez rapprochées pour se prêter mutuellement leurs secours en cas de besoin. La prise de Maubeuge assurait celle de Philippeville; ces deux places une fois entre les mains des alliés couvraient la frontière des Pays-Bas, et formaient une base solide pour ouvrir la campagne suivante avec l'offensive la plus brillante.

Passons maintenant à l'exécution des plans de campagne.

Toutes les précautions contre les invasions et les diversions étant si bien prises, on procède à son plan d'attaque. L'on sent bien que les localités et les dispositions de l'ennemi doivent apporter les différences dans son exécution; mais il ne faut pas perdre de vue les règles que nous avons déjà posées pour assurer la ligne d'opération et procéder au développement de ses mouvements successifs. Ici, de même que dans la poliorcétique, les règles ne sont qu'une; la différence des systèmes de construction des ouvrages de la place que l'on attaque, celle de son assiette et des localités environnantes, apportent bien des changements dans l'exécution des parallèles, sapes, etc., etc.; mais les principes sur lesquels on les doit tracer, ainsi que les batteries, sont invariables; car le plus ou le moins de difficultés de la part de l'ennemi ou du terrain n'apportent de différences que dans le plus ou le moins de précautions à prendre pour assurer ses approches et mettre ses parallèles, ses places d'armes, ses batteries, à l'abri des tentatives de l'ennemi.

Dans tout plan de campagne, il ne faut jamais perdre de vue ces bases de l'attaque des places, cette marche successive de parallèles et de batteries pour resserrer la place; et de même que la première parallèle, dans les siéges, est plus étendue que la seconde, et celle-ci que la troisième, pour mieux assurer les flancs de tous les travaux que l'on pousse vers la place; ainsi la base, d'où l'on part pour attaquer le pays ennemi, doit être assez étendue pour, de ses extrémités, couvrir et assurer les flancs des autres parallèles que tracera l'armée en avançant. L'analogie de la guerre de siége avec les plans de campagne est infinie, et tous les projets de campagnes seront plus parfaits et d'une exécution plus sûre, à mesure qu'ils se rapprocheront des principes de la poliorcétique. C'est sous ce point de vue qu'il faut les étudier et les tracer.

La force et la composition de l'armée ayant été réglées d'après ses moyens et la somme des difficultés qu'opposeront l'ennemi et les localités du pays théâtre de la guerre, il faut examiner, d'après les moyens de résistance qu'offre le pays, quels sont les mouvements qu'il faudra entreprendre. Il n'y a guère que trois points de vue sous lesquels on puisse considérer une frontière que l'on veut attaquer :

1° Cette frontière est couverte par une seule position, d'où l'ennemi est à même de prévenir et déjouer tous les mouvements que l'on peut entreprendre.

2° Cette frontière n'est couverte qu'en partie par une position ou des places; mais elle offre plus sur la droite ou sur la gauche des parties faibles par lesquelles on peut l'entamer.

3° Enfin la frontière peut être telle que l'ennemi soit contraint, pour la défendre, de parcourir toute sa parallèle d'un bout de la frontière à l'autre, et d'y prendre partout des positions devant l'armée attaquante, en un mot de marcher et de se mouvoir autant qu'elle.

Je vais traiter chacune de ces suppositions et essayer de rassembler, dans un chapitre, tous les mouvements qu'il convient de faire pour chacune d'elles en particulier.

Des pays défendus par une seule position.

Il est des pays et des frontières qu'un seul poste met à l'abri de toute invasion, et contre lequel toute attaque sera vaine et même dangereuse, si l'ennemi sait s'y défendre.

Le camp de Neustadt couvre la basse Silésie de toutes les entreprises d'une armée venant de la Moravie. La ville et la rivière doivent être devant le front du camp. Si l'ennemi veut pénétrer entre Ottmachau et Glatz, il suffit de prendre une position entre Neiss et Ziegenhals pour couper l'ennemi de la Moravie. L'armée ennemie ne peut penser à marcher vers Cosel, car l'armée prussienne plaçant des troupes entre Troppau et Jagerndorf (où il y a d'excellents postes à prendre), lui couperait ses communications.

Entre Libau et Lemberg, il y a encore un camp de la même force, qui couvre la basse Silésie du côté de la Bohême.

Quand il s'agit de tracer un plan d'opérations pour campagne offensive, le premier soin que l'on doit avoir est de chercher si cette partie des frontières ennemies où l'on veut établir le théâtre de la guerre offre de pareilles positions. Les cartes doivent être consultées, les espions multipliés ; en un mot, on ne doit rien négliger pour se procurer les renseignements les plus sûrs ; ce qui n'est pas souvent facile, car ces camps ne se trouvant pas toujours sur l'extrême frontière, et étant quelquefois plus ou moins dans l'intérieur du pays, ils ne sont souvent connus que de l'ennemi. Alors celui-ci cède des provinces entières par des mouvements rétrogrades précipités, qui ne dénotent que crainte et faiblesse ; le vainqueur ébloui s'abandonne à l'espoir de nouveaux succès, le suit dans sa retraite avec toute la célérité possible, et ne voit le piége que quand il n'est plus temps de l'éviter ; dans un pays entièrement ouvert et même coupé, il est possible de s'en tirer avec peu de perte, en prenant le parti d'une prompte retraite ; dans un pays de hautes montagnes, de défilés, la perte entière de l'armée peut résulter d'une pareille ignorance ou présomption.

Une fois que l'on a reconnu à l'ennemi de semblables positions, il faut chercher à l'y prévenir par une marche aussi prompte qu'inattendue. Il n'est pas nécessaire de répéter ici qu'il faut faire ses préparatifs d'invasion avec le plus grand secret, pour ne pas donner l'éveil à l'ennemi. Si la surprise est impossible, que l'ennemi soit établi sur la position même, ou concentré tellement à portée qu'il soit impossible de l'y prévenir, c'est au général à peser ce qu'il a de mieux à faire pour en déposter l'ennemi ; c'est-à-dire il doit réfléchir s'il l'y attaquera à force ouverte, ou si, par des mouvements et détachements hors de la sphère d'influence de cette position, il ne pourra le contraindre à en sortir.

Quand une armée sait manœuvrer, et qu'elle veut combattre, il est peu de positions qu'elle ne puisse attaquer de revers ou faire abandonner à l'ennemi. Ceci mérite d'être développé avec plus de détail.

Qu'est-ce en effet qu'une bonne position? C'est un développement de terrain, dont le front et les flancs fournissent des emplacements avantageux à l'armée qui doit les occuper, et présentent à l'ennemi qui voudrait l'en déposter des obstacles difficiles à vaincre. Mais que fera cette position, quelque bonne qu'elle soit, à un ennemi habile et manœuvrier? Ne peut-elle pas être tournée de loin, si ce n'est de près? Et alors l'armée qui l'occupe n'est-elle pas obligée de l'abandonner? Cette position, formidable par devant, l'est-elle par derrière? Et attaquée par ce dernier côté, ne peut-elle pas devenir désavantageuse? Il est rare que la nature présente de ces positions à double front, dans lesquelles une armée puisse être également bien postée sur l'une ou sur l'autre face. Telle est même la routine des idées reçues que, comme on n'a pas encore vu d'armée attaquée par derrière, on ne songe pas que cela puisse être. Rien n'est cependant plus possible.

Je sais bien, qu'avant l'ouverture de la campagne le général qui commande l'armée ennemie aura calculé la défensive d'après toutes les suppositions offensives possibles, et qu'il aura pris ses précautions de manière à pouvoir, par des mouvements plus courts, prévenir toutes les tentatives que l'on voudrait exécuter, soit sur les flancs ou les derrières de la position; mais outre que des positions aussi avantageuses sont rares, en lui accordant même toutes ces conditions, l'armée offensive ne devra en être arrêtée que le temps nécessaire pour combiner et exécuter ses mouvements. L'ennemi croira-t-il l'arrêter par une de ces positions prétendues inexpugnables? Elle saura lui dérober un mouvement, se porter rapidement sur son flanc ou derrière lui, et le prévenir dans les positions qu'il se serait réservées contre de tels événements. Pour exécuter ce mouvement, elle portera, s'il le faut, des vivres pour 8 jours, et se passera de ces établissements. Que fera l'ennemi, étonné de ce genre de guerre nouveau? Attendra-t-il qu'une armée habile à se remuer, à fondre rapidement sur la partie faible d'une disposition, à passer en un moment de l'ordre de marche à l'ordre de combat, se trouve en mesure d'attaquer le flanc ou le derrière de sa position ? Cette inaction lui deviendrait funeste. Changera-t-il de position ? Alors il perdra les avantages du terrain sur lesquels il avait compté, et il sera obligé de recevoir la bataille où il pourra. Peut-être même son mouvement donnera-t-il prise sur lui ; il sera embarrassé de ses attirails et de ses moyens de subsistance ; il craindra d'être séparé de ses établissements, etc.

Enfin je dis qu'une armée bien constituée et bien commandée ne doit jamais trouver devant elle de position qui l'arrête ou qui la force d'y attaquer avec désavantage l'armée qui y est établie, à moins que ce ne soit une de ces positions rares qui, touchant à l'objet qu'elles veulent couvrir, ne laissent la ressource de manœuvrer, ni sur leur derrière, ni sur leur flanc. Telle était cette position si habilement choisie par M. le maréchal de Broglie en avant de Francfort, et si glorieusement justifiée par le gain de la bataille qui s'y donna. Telles sont en général celles qu'une armée peut prendre à la tête d'un débouché unique qu'elle veut défendre, ou en avant, ou très à portée d'une place, dont il faudrait nécessairement que l'ennemi fît le siége.

Dans de tels cas il ne reste plus que la diversion

sur un autre point de la frontière ennemie pour contraindre l'armée à quitter en entier sa position ou à s'y affaiblir de manière à pouvoir laisser espérer des succès en l'y attaquant à force ouverte. Mais dans cette supposition il faut alors une grande supériorité de troupes; par exemple, si l'on voulait contraindre les Prussiens à abandonner leur camp de Neustadt et de Landshût, il faudrait, imitant Daun et Laudon, agir avec une telle vigueur en Saxe que les généraux prussiens, craignant une diversion, soient obligés d'affaiblir leur armée par les gros détachements qu'ils enverraient pour observer les mouvements de l'ennemi et s'opposer à son entrée en Silésie par la Lusace. Outre cette armée il faudrait encore aux Autrichiens une autre armée, soit en Moravie, soit en Bohême (suivant le point qu'ils voudraient forcer), pour être à même d'observer les Prussiens, les empêcher de passer à l'offensive, et enfin les attaquer s'ils se dégarnissaient trop, ou si quelques mouvements hasardés pouvaient les mettre en prise. Cette armée de Bohême ou de Moravie serait occupée à rassembler des vivres, à former des magasins de munitions de guerre et de provisions de bouche. La grosse artillerie serait placée dans une des places fortes le plus à portée, pour être à même de se porter en avant et de commencer avec activité les siéges que les Autrichiens devaient entreprendre, aussitôt que la frontière serait ouverte.

Quelquefois la position la plus formidable se trouve forcée par une attaque brusquée. Les précautions défensives peuvent être prises avec si peu de discernement qu'un général actif peut, dans une simple reconnaissance en apercevoir l'incohérence et les renverser par une attaque vive, bien combinée. Si M. de Fouqué avait mieux su profiter des avantages de sa position de Landshût, si ses ouvrages avaient été mieux disposés, d'un profil plus fort, et d'une plus grande capacité, il est à présumer que M. de Laudon n'aurait jamais pu l'y forcer, et n'aurait pas même pensé à l'y attaquer.

Il sera inutile d'ajouter que si la position n'étend pas sa sphère défensive aussi loin que celles que nous venons de citer, les mouvements que l'on devra faire en seront d'autant plus faciles qu'ils seront moins grands. Alors dès le commencement de la campagne on poste un gros corps devant les débouchés soumis à l'influence de cette position, et avec le reste de l'armée on pénètre sur la droite ou sur la gauche dans le pays ennemi. Le général qui commande le corps d'observation doit agir avec la plus grande prudence, et ne rien tenter que lorsqu'il verra l'ennemi se replier et quitter sa position. Alors il le suit pas à pas, il entame une affaire d'arrière-garde, et s'établit sur la position évacuée, en attendant de nouveaux ordres du général en chef.

L'exemple suivant achèvera de fixer la manière d'appliquer les principes que nous venons de poser.

M. le Dauphin ayant marché, en Allemagne, avec son armée, joignit celle que commandait M. le maréchal de Lorges, pour agir conjointement contre l'armée de l'empire commandée par M. le prince de Baden. Ce prince, qui vit fondre sur lui une armée fort supérieure à la sienne, ne songea qu'à se placer de manière à pouvoir garder l'Allemagne au-delà du Necker et abandonna tout le pays entre le Rhin et cette rivière, satisfait, dans l'état où il se trouvait, s'il pouvait empêcher les Français de pénétrer plus avant. Il ne voulait que gagner du temps, espérant que la supériorité de M. le prince d'Orange en Flandre ou l'offensive que M. de Savoie avait résolue, le débarrasserait d'une partie de ces grandes forces en Allemagne, soit pour marcher au secours de Pignerol, soit pour venir renforcer l'armée de Flandre, et qu'ainsi les Français ne pourraient prendre leurs quartiers d'hiver dans l'empire.

Pour cet effet, M. de Baden fortifia un camp pour toute son armée sur la hauteur auprès de Heilbronn, où il avait jeté un corps d'infanterie. Ce camp était inattaquable du côté de Laûffen [1], il était bon du côté de Heilbronn, parce qu'il ne pouvait être abordé qu'après s'être rendu maître de cette ville; mais il n'était point soutenable, si l'armée française avait passé le Necker à Neckersûlm et à Wimpfen [2], et qu'elle eût ainsi tourné ce camp. Ce fut ce que l'on négligea de faire. On le tâta du côté de Laûffen, où il n'était point attaquable; on s'amusa à courir et à piller le Wirtemberg, que M. le prince de Baden avait abandonné, et après avoir inutilement fatigué l'armée pendant quelque temps, fait beaucoup de désordre, on se retira, parce que, comme M. de Baden l'avait sagement prévu, le siége de Pignerol, que M. de Savoie commençait à former, obligea Louis XIV à faire détacher de son armée d'Allemagne beaucoup de cavalerie pour mettre M. de Catinat en état de secourir cette place et de combattre M. de Savoie, en cas que ce prince s'opiniâtrât au dessein de ce siége.

Il est certain que M. le prince de Baden avait judicieusement pensé d'abandonner tout le pays entre le Rhin et le Necker; il n'aurait pu tenter de le soutenir sans s'exposer avec une armée aussi inférieure; les moindres pertes auraient eu des suites d'autant

1. Ville au duc de Wirtemberg, située sur le Necker, à 8 kilomètres de Helbronn.

2. Wimpfen, sur la rive gauche du Necker, à 12 kilomètres au nord de Heilbronn.

plus sérieuses pour lui, dans l'état où il se trouvait, qu'elles auraient irrévocablement décidé la supériorité du côté des Français, dans un temps où il lui était d'une conséquence infinie de se maintenir dans une espèce d'égalité, par le choix d'un bon poste.

Par les raisons contraires, il était de la plus grande importance pour les Français de décider la supériorité de leur côté dès le commencement de la campagne. Si donc M. le maréchal de Lorges avait été actif, s'il n'avait pas perdu inutilement des jours qui consommaient le pain qu'il ne tirait que de Philipsbourg et du Fort-Louis ; s'il s'était précédemment informé avec exactitude de la nature du poste que M. le prince de Baden avait pris sur la hauteur de Heilbronn, il aurait su que ce poste n'était point attaquable du côté de Laûffen, et il n'y aurait point porté inutilement l'armée. Il aurait su que ne pouvant point attaquer Heilbronn, le Necker entre deux et soutenu de l'armée ennemie, il fallait passer cette rivière à Neckersûlm ou à Wimpfen, pour pouvoir agir avec succès contre cette ville, où étaient tous les vivres de l'armée de M. de Baden. S'il avait passé le Necker, il aurait aisément vu que le poste de M. le prince de Baden ne valait rien par derrière, et il aurait forcé ce prince à abandonner Heilbronn et à aller se mettre en sûreté derrière le Kocher.

Il n'était guère possible à M. de Baden de s'opposer au passage du Necker par les deux raisons suivantes : la première, c'est qu'il était trop éloigné pour le pouvoir faire sans se déposter de la hauteur où était son camp. La seconde, c'est que, par la nature du terrain, ses troupes auraient souffert une perte considérable par le feu de l'armée française ; les bords du Necker étant plus élevés du côté où elle se trouvait, domineraient la rive sur laquelle l'armée allemande eût été obligée de prendre poste.

De ce récit il faut conclure que M. le marécal de Lorges a fort mal conduit une guerre offensive, et que M. le prince de Baden a tiré un parti avantageux d'un poste qui n'avait pourtant qu'une apparence de sûreté, sans être effectivement de la nature de ceux qui sont assez bons pour oser tenir contre une armée supérieure, parce qu'ils ne peuvent être tournés, et qu'il faut les attaquer par une tête qu'on a eu le temps d'accommoder.

Pays et frontières qui ne sont qu'en partie couverts.

Il est des pays, des frontières qui n'ont qu'une partie de leur étendue défendue par de bonnes positions, et dont le reste est dégarni, conséquemment faible. La nature indique ici l'endroit de l'invasion; c'est sur ces lieux dégarnis d'obstacles qu'il faut faire effort pour pouvoir pénétrer dans le pays ennemi. Mais si le général chargé de la défense d'une pareille frontière connaît son métier, il concentrera toutes ses forces sur ces parties faibles, se contentant de soutenir, par des corps de troupes suffisants, les postes ou les places qui assurent les autres parties de sa ligne de défense. Par les sages dispositions du reste de son armée, il donnera à ces endroits faibles le complément de force que la nature leur a refusé, et pourra s'opposer victorieusement à toute tentative d'invasion. Dans une telle occurrence, il ne reste que deux moyens de pénétrer dans le pays ennemi, par force ou par ruse.

Par la force, j'entends une attaque vive et brusque sur toute la ligne des quartiers de l'ennemi ; si l'on réussit, il est probable que le vaincu sera obligé de se retirer et d'abandonner à vos troupes le pays qu'il devait couvrir ; mais si l'on est battu, comme une pareille affaire ne peut manquer d'être fort vive, le danger presque certain d'être obliégé, par sa défaite, de passer de l'offensive à la défensive, semble ne devoir permettre ce moyen que comme dernière ressource. C'est donc à la ruse ou aux manœuvres qu'il faut recourir pour vaincre, sans trop s'exposer, les obstacles que la prévoyance de l'ennemi a dû rassembler de ce côté.

Si la surprise est possible, on doit la tenter ; mais

il faudra la préparer avec d'autant plus de précaution que toute l'attention de l'ennemi, dirigée de ce côté, le mettra à même de tout prévoir et de tout prévenir, même pour peu que la moindre négligence trahisse vos desseins. Il est prudent alors de faire circuler, tant chez ses alliés que dans son propre pays, de prétendus plans d'opération dans lesquels on dirige ses vues sur un tout autre point de la frontière; affectant de dire que celui que l'on a cependant vraiment intention d'attaquer est trop bien défendu pour permettre d'y penser. Pour donner plus de poids à ces fausses nouvelles, il faut assembler des magasins d'un côté tout opposé, y faire faire des mouvements de troupes qui tendent à confirmer l'opinion qu'on a répandue. On laisse cependant, devant la portion du pays sur laquelle on veut revenir, un corps de troupes proportionné au plus ou moins de facilités défensives que le terrain offre. Si l'ennemi prend le change et dérange ses quartiers pour suivre le gros de votre armée, le corps d'observation se porte brusquement en avant dans son pays et y prend poste ; sur cette nouvelle, l'armée revenant sur ses pas par des marches forcées, profite de la trouée qui est déjà faite. L'on part alors de cette base pour commencer les opérations que les circonstances et les règles indiquent pour assurer son établissement dans le pays ennemi.

Si les précautions de l'ennemi, la nature des lieux, en un mot les circonstances rendaient impossible d'exécuter, au commencement de la campagne, la manœuvre dont nous venons de parler, et qu'il fallût la retarder vers le milieu ou la fin de la campagne, soit pour attendre que les fourrages et moissons rentrées dans les granges offrissent plus de facilités à la formation des magasins nécessaires à la marche en avant, soit parce que l'on a la certitude que vers ces époques l'ennemi sera obligé de s'affaiblir par détachements ; il n'en faut pas moins entrer de bonne heure en campagne et se porter avec toute l'armée sur un point éloigné du côté sur lequel on médite l'invasion.

Mais le général doit alors prendre un poste de nature à forcer l'ennemi à le suivre par l'inquiétude que sa position peut lui donner pour une frontière éloignée, des places peu pourvues, des magasins mal couverts [1]. Par là on gagne du temps, l'ennemi peut perdre toute crainte de projet d'invasion et se con-

1. Rien ne fait mieux connaître la capacité d'un général que le choix de ses camps ; rien n'est aussi d'une plus grande importance. D'un camp bien ou mal pris dépend souvent le succès d'une campagne. Elle ne peut qu'être heureuse et brillante, si vous savez vous poster de manière à donner à l'ennemi plusieurs sujets de jalousie à la fois; à rompre par de petits mouvements toutes ses mesures; à le forcer à des marches longues et pénibles ; à rendre ses communications, ses subsistances incertaines et précaires, tandis que les vôtres sont libres et assurées, etc. M. le maréchal de Luxembourg est un des généraux modernes qui a le mieux possédé ce grand talent.

duire de manière à vous mettre à même de l'attaquer ou de le surprendre dans le camp qu'il a pris devant vous, et conséquemment devenir maître de la campagne. S'il est trop sur ses gardes pour permettre de rien entreprendre sur lui, on l'amuse par des marches et des contre-marches bien calculées dans l'espoir de lui faire faire un faux mouvement avantageux, et le moment attendu pour l'invasion arrivé, on marche avec la plus grande promptitude sur le point déterminé.

Il faut tâcher de compasser ses mouvements de manière à tenir son adversaire en suspens sur ses véritables projets. La moindre avance suffit pour mettre l'ennemi hors d'état de vous prévenir, et l'on exécute son invasion sur le plan qu'on a dû en tracer d'après les règles générales que nous avons déjà posées.

Quelque dessein que vous rouliez dans la tête, vous en rendrez l'exécution facile et le succès presque certain, si vous savez dérober vos marches à l'ennemi. Rien n'avance tant les affaires, et sans cela point de grande entreprise à la guerre. La longue marche que Turenne, ce génie vaste et sage, exécuta, en 1674, en partant de la Haute-Alsace, fut si bien dérobée aux ennemis, que le corps qu'ils avaient assemblé à Sintzheim, fut battu sans avoir seulement soupçonné que les Français fussent en mouvement. Cette victoire assura les nouvelles conquêtes de la France.

Si l'on veut s'instruire à fond dans une branche si intéressante de la guerre qu'on médite attentivement ces campagnes d'Alsace de M. de Turenne ; on y trouvera presque chaque jour marqué par quelque marche savante, par quelque mouvement fin et délicat dérobé à l'ennemi. On y verra comment ce grand général, après avoir fait semblant de prendre des quartiers d'hiver fort séparés en Lorraine, les rapprocha par des mouvements insensibles et propres à faire croire que son dessein était seulement de combiner leur sûreté avec la facilité des subsistances, sans découvrir la Franche-Comté, et de quelle manière ces mouvements firent aboutir les troupes aux deux rendez-vous de Thann et de Béfort, d'où elles tombèrent subitement sur les quartiers de l'armée impériale, qui fut forcée d'aller en chercher d'autres au-delà du Rhin.

Rien ne ressemble plus à cette invasion de l'Alsace que celle de la Bohême au commencement de la campagne de 1757. Ce projet si habilement conçu, digéré, exécuté, était principalement établi sur des marches que le roi de Prusse voulait dérober aux généraux autrichiens. Il avança d'abord du côté d'Egra un gros détachement aux ordres du prince d'Anhalt-Dessau.

Le duc d'Aremberg, qui avec ses troupes couvrait cette frontière depuis Lobenstein jusqu'à Brzeznice, crut qu'il allait être attaqué et donna en conséquence de très-sages dispositions. Mais le prince d'Anhalt, après avoir par cette fausse démonstration tenu en échec les Autrichiens autant que le dessein du roi l'exigeait, leur déroba une marche et se replia par le Voitgland vers la grande armée. Cette retraite et plusieurs autres mouvements des Prussiens donnèrent si bien le change à tout le monde que le maréchal Brown lui-même fut persuadé qu'ils avaient pour cette fois renoncé au dessein de pénétrer en Bohême. Le roi, profitant de la sécurité qu'il avait su inspirer et de la négligence qui en est presque toujours la suite, fit marcher avec la plus grande célerité et le plus grand secret les différents corps qui devaient se réunir au centre de cette province. Celui du feld-maréchal de Schwerin fut le premier qui entra débouchant de Landshût par les gorges qui séparent la Bohême de la Silésie; il surprit le détachement autrichien qui était entre Mariemberg et Kratzau et pénétra dans le cercle de Conigsgraetz. Celui du prince de Bevern, venant de Zittau par une marche qu'il déroba entièrement et qui lui facilita les passages des montagnes et des défilés, tomba à l'improviste sur le poste de Krottau, et poussant tout de suite vers Reichenberg, il y battit le corps du générat Konigsegg et s'avança jusqu'à Leitmeritz. Ceux du roi et du maréchal de Keith descendirent par Hellersdorf et Peterswald et furent joints à Aussig par ceux du prince Henri qui venaient de Neustaedtel et du prince d'Anhalt qui avait pénétré par Pasberg et Commotau. Si toutes ces marches sur lesquelles se fondait le plan de l'entreprise n'eussent pas été si bien cachées et si bien compassées, les troupes autrichiennes auraient eu le temps de sortir de leurs quartiers et de s'opposer à l'entrée des Prussiens en Bohême, d'autant plus facilement qu'ils devaient traverser des gorges et des défilés où quatre bataillons (du moins dans ceux que j'ai vus) étaient capables d'arrêter une armée entière.

Ce n'est qu'avec des troupes bien disciplinées et habituées à l'ordre, à la vitesse, à la précision, qu'on peut dérober des marches; et voilà pourquoi les Prussiens y ont mieux réussi que les autres [1]. L'affaire du général est de compasser avec exactitude les mouvements

1. Il est à croire qu'en cas de guerre les Autrichiens montreront une vivacité de mouvements et de marches qu'ils étaient bien loin d'avoir dans la guerre de 7 ans. La longue guerre qu'ils ont faite contre les Français a beaucoup contribué à les éclairer sur ce principe important. Principe qui ne peut être mis à exécution que par une grande réduction dans les équipages qui suivent les armées. Réduction contraire, il est vrai, à la commodité et à l'aisance de l'officier, mais d'une utilité trop majeure pour que le patriotisme ne fasse pas un devoir de ce sacrifice.

par rapport à la distance de l'ennemi et à celle de l'endroit où l'on veut aboutir; d'apprécier au plus juste le temps dont on a besoin pour masquer son projet et tenir l'ennemi dans l'incertitude le plus qu'il est possible, d'avoir pourvu secrètement aux subsistances, aplani les obstacles et pris et combiné tous les moyens imaginables pour assurer le succès. On sent bien que tout cela est fondé sur la connaissance la plus parfaite du pays, du caractère de l'ennemi, de ses forces et de sa situation.

Les lieux qui semblent quelquefois les moins propres à ces sortes d'opérations sont justement ceux où l'on trouve plus de facilité à les exécuter, par cela même qu'on les croit trop difficiles ou impraticables. De cette espèce sont les pays de défilés ou les pays coupés par de hautes montagnes qui ne présentent qu'une seule gorge inaccessible ou par des marais insaignables ou par des rivières profondes. Si l'on connaît bien parfaitement tous les revers des montagnes, les passages sur lesquels on peut tourner les marais, le cours des rivières, leurs gués et leurs bords, on sera à même de surprendre quelques marches à l'ennemi et de venir se poster sur ses flancs, sur ses derrières et aux endroits où l'on était le moins attendu. Si vous voulez essayer de pareils mouvements quoique en présence de l'ennemi, vous devez le tenir quelque temps en échec par un front de troupes qui lui ôte tout soupçon du départ de l'armée, et si elle était campée, il faudrait ne détendre qu'à nuit close et se servir des fausses démonstrations dont nous avons parlé à l'occasion des retraites. Les troupes qu'on aura laissées vis-à-vis de l'ennemi, aussitôt que le stratagème aura eu son effet, rejoindront l'armée dans le plus grand silence et avec toute la célérité possible. L'essentiel, je le répète, c'est de calculer et combiner avec justesse le temps nécessaire à l'armée pour gagner ses postes, celui dont les troupes restées au camp ont besoin pour leur jonction et celui enfin pendant lequel l'ennemi ignorera ce mouvement. Une seule marche soufflée au commencement d'une campagne peut vous donner une telle supériorité que votre ennemi, quoique supérieur en forces, soit obligé dans la suite de se régler toujours sur vos mouvements.

Des pays que l'ennemi ne peut défendre que par ses manœuvres.

Il est des frontières qui ne sont protégées par aucune position et que l'ennemi ne peut soutenir qu'en suivant tous les mouvements de l'armée offensive, se campant vis-à-vis et chercant à la prévenir partout.

Le général chargé de la défense d'une telle frontière a d'autant plus de précautions à prendre que sa parallèle ou ligne de défense est plus étendue. Comme c'est par la rapidité de ses mouvements et de ses marches qu'il peut tenir tête à l'armée offensive, un de ses premiers soins doit être de former des communications sûres et faciles sur toute la ligne de défense ; d'établir de distance en distance (dans des endroits bien couverts) des magasins de vivres et de munitions de guerre qui le mettent à même de pouvoir se passer de tous les attirails qui retarderaient la marche, et d'avoir cependant sous la main tout ce qui est nécessaire à sa consommation et à son bien-être.

Si le général chargé d'une telle défensive portait la présomption ou l'oubli de ses devoirs jusqu'à négliger ces précautions, il faudrait en profiter, commencer la campagne de très-bonne heure, forcer sa ligne de défense dans l'endroit négligé et agir avec un tel secret et une si grande activité qu'il n'ait pas le temps de réparer sa première faute. Une fois la ligne de l'ennemi forcée, le général qui a attaqué, ayant pris un camp sur un des flancs de l'armée défensive, calculera le plan ultérieur de la campagne, en combinant les règles de sûreté indiquées avec les localités, ses forces, et les moyens de défense de l'ennemi. Mais comme, pour éviter les trop malheureuses suites de la présomption, il faut toujours calculer que l'ennemi fera tout ce qui vous est le plus désavantageux, admettons que l'ennemi ait tellement pris ses précautions qu'il soit partout en mesure de s'opposer à vos tentatives; quels moyens reste-t-il pour couper sa ligne de défense et pénétrer dans son pays? La stratégique fournit cinq moyens.

Le premier est de resserrer tellement l'ennemi dans ses fourrages qu'il soit obligé d'abandonner tel ou tel point sur lequel on a des projets. Le second est de donner à l'ennemi de telles inquiétudes sur plusieurs points de ses frontières, par les corps de troupes que l'on y montre, que, s'affaiblissant par les détachements qu'il y envoie, il offre la facilité de l'attaquer avec avantage et de couper ainsi ses divers corps. Le troisième moyen consiste à manœuvrer devant l'ennemi de manière à lui donner des inquiétudes pour telle place, tel grand entrepôt de vivres ou munitions, etc.; à le tenir en suspens sur vos projets et lui dérobant une marche, un mouvement, fondre sur tel espace sur sa droite ou sur sa gauche, où il ne pourra vous prévenir; s'établir ainsi sur son flanc, et lui faisant craindre pour ses communications, le forcer à se retirer et à abandonner le pays qu'il avait d'abord couvert. Le quatrième moyen consiste dans des diversions vraies ou simulées. Enfin, le cinquième moyen est une bataille ou action décisive, que l'on engage dès l'ouverture de la campagne, et dont le succès bien conduit peut vous rendre maître de toute la campagne.

Je vais analyser les diverses règles de conduite

auxquelles est soumis l'emploi de ces différents moyens.

Quand on veut forcer l'ennemi à abandonner son camp faute de fourrages, il faut connaître parfaitement les ressources que le pays à sa portée peut lui offrir; d'après cela on calculera facilement le temps qu'il pourrait y rester, et à proportion que l'on en pourra diminuer l'étendue, on accélérera le moment de sa retraite. Toute l'attention du général qui veut employer ce moyen doit donc porter sur le choix d'emplacements avantageux sur les flancs du camp ennemi; et tous ses mouvements doivent tendre à se saisir de postes que l'ennemi ne pourrait attaquer sans désavantages réels, postes qui, très à portée de l'ennemi, le gêneront dans tout ce qu'il voudrait entreprendre, et mettront le général de l'armée offensive à même de pousser ses troupes légères et de forts détachements sur les communications de l'ennemi. On ne peut apporter trop de soins dans la combinaison et l'exécution de ces manœuvres.

Soit donc que vous veuillez vous mettre en marche pour occuper un camp plus avantageux, ou pour étendre vos fourrages et resserrer ceux de l'ennemi, ou pour l'attirer dans une province ou pour lui en interdire l'entrée, ou pour faire un siége, ou pour livrer bataille, prévoyez-en toutes les suites et gardez-vous bien de vous mettre dans une position qui vous fasse regretter celle que vous avez abandonnée, ou qui vous jette dans les mêmes ou dans de plus grands embarras que ceux que vous vouliez causer à votre adversaire.

Second moyen de forcer la ligne de défense de l'ennemi par des détachements.

Je suppose que l'ennemi se soit rassemblé vers la partie des frontières où vous étiez intentionné de pénétrer, et qu'il y occupe avec son armée un camp à l'abri de toute insulte. Il faut se camper également devant lui, dans un poste, où il ne puisse pas vous attaquer impunément, et en même temps détacher de chaque aile de l'armée un corps, qui, se prolongeant sur sa droite et sur sa gauche, servira de tête ou d'avant-garde aux marches que vous voudrez faire le long de la parallèle de l'ennemi. L'ennemi est alors forcé de détacher pour suivre le mouvement de ces deux corps, qui pourraient sans cela, dès leur première marche, séparer sa parallèle, ou bien, lui gagnant quelques marches, venir se porter sur un de ses flancs, sur sa ligne de communication, et le couper de son pays, de ses magasins. Pour obvier à ces inconvénients l'ennemi est obligé d'imiter en quelque sorte vos mouvements et de poster des corps de réserve ou d'observation sur ses ailes. Mais malgré cela il court encore des dangers. D'abord il faut qu'il détache assez à temps pour toujours côtoyer vos corps, les empêcher de le gagner de vitesse et de lui souffler quelque poste avantageux. En second lieu, ces détachements pourront tellement affaiblir son armée que le poste qu'elle occupe, qui était excellent pour tel nombre de troupes, devienne susceptible d'être forcé facilement, du moment que le nombre des troupes qui le garde n'est plus proportionné à son développement. D'ailleurs comme l'armée offensive ne peut entreprendre ce genre de guerre (par corps détachés) qu'avec une supériorité de troupes[1] qui lui permette d'opposer partout des détachements plus forts, l'armée défensive risque de voir sa ligne de défense alarmée sur tant de points et si distants les uns des autres, que difficilement elle pourra partout y faire tête, et qu'elle sera obligée de se replier en arrière.

Sans être supérieur, l'on peut cependant aussi faire des détachements pour couper la parallèle de l'ennemi. Mais ces sortes d'entreprises demandent la plus grande réflexion ; tout y est soumis au calcul : le temps, les heures, le chemin, les détours, enfin tous les mouve-

1. Ce genre de guerre par détachements ne convient qu'à une armée très-supérieure, car sans cela on risquerait trop de se morceler ainsi devant un ennemi qui tiendrait son armée ensemble et qui se présenterait alors avec supériorité devant chacun de vos corps séparés.

ments que peut faire l'ennemi. Il faut même pour ainsi dire pénétrer l'avenir, et préparer des ressources pour remédier aux retards ou difficultés, qu'un ruisseau débordé, un torrent enflé, une colonne égarée etc., peuvent occasionner. La moindre irrégularité, la plus petite imprudence pourraient avoir les conséquences les plus funestes pour toute la campagne. Développons cette idée.

Je suppose deux armées d'égale force. Le général chargé de défendre les frontières que vous voulez attaquer s'est posté devant vous dans un camp fort et bien choisi ; mais il est important de l'y forcer, l'occupation de ce point de la frontière de l'ennemi donnant un plus grand développement aux opérations subséquentes de la campagne. Que faut-il faire pour y parvenir plus sûrement ? Il faut employer la force et la ruse ; c'est-à dire attaquer de front en même temps qu'on manœuvre sur le flanc de l'ennemi. Il est presque impossible qu'il résiste à ces doubles efforts, s'ils sont bien combinés. Comme le détachement que vous devez envoyer sur un des flancs de l'ennemi affaiblit votre armée et vous expose à vous trouver trop inférieur à l'armée défensive, si elle pouvait vous attaquer, il faut d'abord choisir devant l'ennemi un bon poste (l'art dans ce cas doit suppléer à la nature pour mettre à l'abri d'une attaque inopinée).

Ensuite, d'après la connaissance du pays, on détache par sa droite ou par sa gauche (suivant le côté où l'on peut se prometire le plus de facilité) un corps qui, se portant sur le flanc de l'ennemi, sera à même de favoriser tous les efforts que l'on tentera contre son front. Ce détachement ne doit sortir du camp que la nuit qui précède l'attaque ; on doit observer le plus grand silence pour ôter à l'ennemi toute connaissance de ce mouvement. D'après le calcul du temps nécessaire pour la marche du détachement et son arrivée à telle hauteur, on fixe l'heure à laquelle l'armée prendra les armes; alors elle se portera en avant pour attaquer l'ennemi, dans la dispositien que le général aura jugé la plus convenable aux localités et à ses desseins. Au moment de l'attaque, le corps posté sur le flanc se montrera et agira selon les occurrences.

Dans un plan ainsi combiné, il faut éviter de commencer l'attaque trop tôt, car le détachement n'étant pas arrivé ne pourrait la soutenir; attaquer trop tard serait également dangereux, le détachement risquerait de se trouver exposé à toutes les forces de l'ennemi et l'exécution de ce projet ne saurrait réussir. Quelquefois le détachement est chargé d'attaquer de flanc toute la position de l'ennemi, pendant que le reste de l'armée l'alarme sur le front. Alors il faut proportionner la force du détachement aux difficultés qu'il aura à surmonter. S. A. R. monseigneur le prince Henri voulut ainsi en juillet 1762 prendre en flanc et rouler toute l'armée du maréchal Serbelloni. Pendant que S. A. R. avec une partie de son armée attirait sur lui l'attention du général autrichien, le général Seydlitz détaché avec un gros corps, devait, par Toplitz, Altenberg, tourner la position. L'échec du général Seydlitz auprès de Töplitz[1] dérangea tout ce projet dont l'exécution eût fait le plus grand honneur au génie de celui qui l'avait conçu.

Une fois l'armée ennemie repliée, il faut partir de ce point pour établir solidement sa première parallèle, toujours d'après les principes que nous avons indiqués. Il est impossible d'entrer dans les détails de toutes les suppositions que peuvent nécessiter des détachements, il suffira de répéter que ce genre de manœuvre est si délicat qu'il ne doit être tenté que par les généraux les plus expérimentés.

1. Il est inconcevable qu'un général d'un si grand talent que le général Seydlitz ait pu se déterminer à l'attaque de Schofsberg. C'était un hors-d'œuvre, s'il est permis de s'exprimer ainsi ; et dans un détachement qui a rapport à une expédition combinée, tout ce qui ne mène pas au but doit être considéré comme une faute. Le corps autrichien retranché sur le Scholfsberg était de peu d'importance ; la situation des lieux lui donna seule l'avantage. La configuration du pays environnant était telle que le général Seydlitz pouvait, avec quelques bataillons et une batterie d'obusiers, la bloquer de manière à n'avoir rien à en craindre et à pouvoir continuer sa marche, qui le portait sur le flanc de l'ennemi qui était loin de s'y attendre, et qui n'en fut averti que par la malheureuse action du Schlofsberg.

Troisième moyen de percer les parallèles de l'ennemi par des manœuvres, marches, et contre-marches.

Ce ne sont pas les marches ou manœuvres en elles-mêmes qui obligent l'ennemi à quitter une position ou un camp qu'il aura occupé, mais les inquiétudes qu'elles doivent lui donner pour les lieux ou les points sur lesquels elles se dirigent. De simples mouvements de troupes ne peuvent tromper un ennemi un peu expérimenté; mais des mouvements déterminés vers un but, des mouvements dont la suite peut amener la perte d'une position importante, ou d'un magasin, voilà ce qui détermine l'ennemi à sortir de son camp pour en arrêter l'exécution.

Tout général qui veut employer ce moyen doit, pour ne pas fatiguer inutilement son armée, s'appliquer à connaître l'esprit du général qui lui est opposé et étudier à fond le pays, théâtre de la guerre, pour y reconnaître le plus ou le moins de facilités qu'il peut avoir pour menacer les magasins, les convois, les fourrages, enfin les communications de son adversaire. C'est d'après cette étude qu'il doit calculer et compasser ses manœuvres.

Ce n'est pas assez de bien faire des marches, de quelque espèce qu'elles soient; il faut se garder d'en faire d'inutiles, et encore plus d'inconsidérées, qui vous entraînent dans des situations fâcheuses. Il ne suffit pas même, pour entreprendre une marche, d'avoir un objet intéressant; il est nécessaire de bien peser les avantages et les désavantages qui peuvent en résulter, pour voir si ceux-ci ne balanceraient ou même ne surpasseraient pas les autres.

Il faut donc réfléchir sur les camps et positions que l'on peut et doit prendre pendant ses mouvements. Il faut s'assurer qu'en s'éloignant d'un endroit plus ou moins fortifié, où l'on a laissé ses magasins, les troupes légères de l'ennemi ne pourront pas les enlever, et que l'ennemi ne pourra détacher des corps pour venir s'établir sur la ligne de vos communications. Le plus ou le moins de fertilité du pays doit d'autant plus être calculée qu'elle servira à faire juger le temps que l'on pourra rester dans sa nouvelle position. En un mot, il ne faut rien négliger; les localités, les subsistances, les forces actives de l'ennemi, ses ressources, son caractère, tout mérite l'examen le plus scrupuleux ; sans cela il est impossible de tracer un plan d'une exécution solide. Voici à peu près comme tout général, qui veut percer par de simples manœuvres la parallèle de son ennemi, doit raisonner son plan d'opération.

Quand j'occupe tel ou tel poste, dit le général qui a l'offensive, l'ennemi occupe tel ou tel autre, vis-à-vis ou à portée de moi; comme il suit tous mes mouvements, il est en mesure partout; ainsi je ne puis percer sa parallèle et entrer dans son pays qu'en lui livrant bataille, ce que je veux éviter. Mais il y a sur la droite de la parallèle de l'ennemi un poste qui, me plaçant sur ses flancs, le forcerait à se replier et à m'abandonner l'entrée de son pays. Pour me saisir de ce poste, il faudrait dérober une marche à l'ennemi, ou simplement la lui tenir cachée pendant quelques heures, pour l'empêcher de m'y prévenir: toute l'attention doit donc se porter sur la manière la plus sûre de combiner cette marche; et voici à peu près ce que l'on doit faire.

Il faut, après divers mouvements, s'approcher petit à petit avec l'armée du poste dont il est important de se saisir. On arrange la dernière marche (celle que l'on fait le plus à portée du poste) de manière à n'arriver que de nuit à son camp; l'ennemi, qui suit les mouvements de l'armée offensive, ne s'arrêtant pas de meilleure heure, n'arrive pas plus tôt au camp vis-à-vis. Dans la même nuit le général détache un gros corps, qu'il fait filer sur sa droite pour l'approcher encore davantage de la position qu'il veut enlever; ce corps doit profiter de l'obscurité de la nuit pour gagner les bois, les rideaux, en un mot les accidents du terrain qui peuvent le dérober à la connaissance de l'ennemi, s'y reposer le jour, observant le plus grand silence et prenant toutes ses précautions pour n'être pas découvert[1]. Dès la pointe du jour l'armée se remet en marche, et revenant sur ses pas se dirige sur sa gauche pour détourner l'attention de l'ennemi du véritable but où elle tend. L'armée défensive est obligée de suivre cette contre-marche; moins elle en conçoit le motif, plus elle en doit suivre attentivement le mouvement. Vers le milieu du jour, l'armée offensive s'arrête et fait semblant de prendre son camp dans un terrain assez coupé pour qu'il ne soit pas tout en vue à l'ennemi. Le terrain doit être tel que l'on puisse manœuvrer avec avantage, quelles que soient les tentatives de l'ennemi. Dans ce camp, on affecte la plus grande tranquillité, et l'on cherche, par tous les moyens connus, à confirmer l'ennemi, non-seulement dans l'idée que l'on veut reposer l'armée, mais encore que l'intention est de se prolonger

1. Il est inutile de dire que la marche de ce détachement doit être tenue aussi secrète que possible. Les avant-postes doivent redoubler de vigilance pour empêcher la désertion, le passage des espions, en un mot, pour ôter à l'ennemi tous les moyens d'en avoir connaissance. Mais, pour plus de sûreté, le général ferait bien, avant le départ du détachement, de faire répandre de faux bruits sur sa destination, et pour mieux dérouter les espions et même les déserteurs, faire sortir ce détachement par un chemin tout opposé à celui qu'il devra tenir. Ce ne serait qu'à une certaine distance du camp que le général qui le commande, changeant tout à coup de direction, et longeant les derrières de l'armée, se porterait sur l'endroit qui lui a été désigné.

davantage sur la gauche. A peine fait-il sombre que l'armée, laissant ses feux allumés, décampe dans le plus grand silence et retourne rapidement sur sa droite. Le corps qu'on a détaché la veille sort alors de son embuscade, se porte brusquement sur la position déterminée et sert d'avant-garde à toute l'armée qui arrive à son soutien. Si l'on a pris toutes ces précautions, il est à présumer que l'ennemi ne sera instruit de votre mouvement, que lorsqu'il vous aura réussi. La position occupée détermine alors la ligne d'opération et sert de base aux parallèles que l'on doit avancer vers le but déterminé par le plan de campagne.

Si votre projet était découvert, que l'ennemi vous prévînt, vous n'avez rien exposé; l'armée n'a couru aucuns risques, ce n'est qu'un mouvement de perdu. Si les postes de l'ennemi sont trop forts pour les attaquer; si le général de l'armée défensive est trop fin, trop habile, pour être troublé et dérangé par vos marches et manœuvres, il faut alors avoir recours aux diversions qui feront le sujet du chapitre suivant.

Cette manière de faire la guerre par des manœuvres et des mouvements est, sans contredit, la plus sublime; c'est celle qui demande le plus de génie. C'est proprement là la guerre des grands généraux. Voyons Turenne, voyons Montécuculi; quel fut leur genre de guerre? Celui dont je viens de parler. Comment se passa cette fameuse campagne, qui termina la vie de l'un et la carrière militaire de l'autre? En marches et contre-marches, les deux armées étant toujours en mouvement, se côtoyant, se tenant sans cesse en mesure de s'attaquer, et cela dans un espace de 40 à 48 kilomètres de long, sur 16 à 20 de large. Ce fut par une campagne de marches et de manœuvres que le maréchal de Créqui s'immortalisa sur la Sarre et sur la Moselle. Cette campagne de 1677 ne peut être trop étudiée; les mouvements des deux armées offrent toutes les manœuvres praticables à une armée offensive pour traverser la parallèle de l'ennemi, et à l'armée défensive pour déjouer tous les projets d'invasion qui ont pu être formés. M. de La Rosières officier français, a donné une histoire raisonnée de cette campagne. Il serait à désirer que les militaires éclairés suivissent cet exemple, et s'occupassent de traiter ainsi séparément les campagnes les plus marquantes des Turenne, des Luxembourg, etc. Pour donner une idée de l'ensemble de cette campagne, je vais en offrir l'extrait pour terminer ce chapitre.

La prise de Trèves en 1675, et celle de Philipsbourg en 1676, firent concevoir à M. le duc de Lorraine le projet d'une forte offensive contre la France. Il projeta donc de se servir de Trèves et de Luxembourg pour rentrer dans ses États par le côté de la Sarre ou de la Meuse; et de Philipsbourg et de Lauterbourg, pour entrer dans la haute Alsace. Il avait destiné, pour ce second mouvement, un corps de troupes sous le commandement de M. le duc de Saxe-Eisenach.

M. le duc de Lorraine assembla sa principale armée auprès de Trèves, et fit passer, presque en même temps, le Rhin au corps, avec lequel M. d'Eisenach devait entrer en Alsace. M. le maréchal de Créqui, qui commandait l'armée francaise en Allemagne, devenu plus circonspect par son malheur de Consarbrück, se trouva opposé à M. le duc de Lorraine, et ce fut M. de Monclar qui fut destiné pour s'opposer en Alsace à M. d'Eisenach.

M. le duc de Lorraine comptait sur les mouvements des Lorrains, ses anciens sujets, lorsqu'ils verraient leur prince si près de la frontière à la tête d'une puissante armée; mais son espoir fut déçu, soit parce que l'on fut fort attentif à prévenir un soulèvement, soit que ces peuples attendissent que leur prince eût au moins campé sur ses terres pour faire paraître leur affection.

M. le duc de Lorraine ayant passé la Sarre avec toute son armée, vint camper auprès de Metz; mais M. le maréchal de Créqui sut lui rendre ses subsistances si difficiles, par l'usage qu'il fit de Thionville, le serra tellement dans ses fourrages, par celui que de petits partis tiraient des avantages de ce pays couvert de bois, et se campa toujours si avantageusement près de M. de Lorraine, que ce prince, après avoir inutilement tenté son invasion par le côté de la Sarre, fut forcé d'abandonner cette première partie de son projet, pour aller tâcher d'entrer en France par le côté de la Meuse. Il marcha jusque vis-à-vis de Mousson, toujours si sagement côtoyé par M. le maréchal de Créqui, qu'il ne lui fut jamais possible d'entreprendre ni sur cette frontière ni sur l'armée. La campagne s'écoula presque toute entière dans ces mouvements, qui ne produisirent à M. de Lorraine qu'une grande perte d'hommes, et un grand dépérissement des chevaux de sa savalerie et de ses équipages.

L'armée ennemie dans cet état songea à marcher en Alsace pour y finir la campagne; mais comme elle avait à faire, pour rentrer dans cette province un chemin beaucoup plus long que celui qu'avait à parcourir l'armée française, celle-ci y arriva plus tôt que celle de M. le duc de Lorraine, qui eut le chagrin d'apprendre, en y entrant, que le corps des troupes de M. Eisenach s'étant tenu un peu trop de temps sur la Kinzig, avait été obligé, pour éviter sa perte entière, de se sauver dans une île du Rhin, d'où cette armée n'était sortie que par un passeport que M. le maréchal de Créqui lui donna pour se retirer en Allemagne par Philipsbourg. Par tout le récit que je viens de faire, l'on voit que cette campagne a commencé par l'offensive de la part des ennemis, que la capacité et la bonne conduite de M. le maréchal de Créqui ont bien promptement fait changer, et qu'enfin l'attention continuelle du maréchal à se tenir à portée de l'ennemi pour le harceler sans cesse et le gêner dans ses subsistances, lui acquit si pleinement la supériorité à la fin de la campagne, que M. le duc de Lorraine fut forcé par le mauvais état de son armée de la mettre en quartiers d'hiver avant celle du maréchal; et ce général qui s'était fort secrètement préparé au siége de Fribourg, eut le temps de prendre cette place avant que M. de Lorraine pût seulement rassembler une partie de sa cavalerie pour marcher au secours.

Des diversions.

Quand les circonstances sont telles à la guerre, que ni la supériorité du nombre, ni les manœuvres ne peuvent forcer ou attirer l'armée défensive hors de son poste, et que ce poste est tellement au centre de la parallèle de l'ennemi, que par de petits mouvements il peut vous prévenir partout, il faut avoir recours aux diversions.

On appelle diversion l'expédition d'un gros de

troupes que l'on détache dans le pays ennemi ou dans celui de ses alliés, soit pour y assiéger une ville, soit pour y enlever des magasins, y détruire des dépôts de munitions ou de troupes, et chercher à agir sur les communications et les derrières de l'ennemi.

Le point de la diversion doit être tel que l'ennemi soit obligé de faire un grand mouvement pour vous y prévenir, mouvement qui peut le mettre en prise. L'objet de la diversion doit être assez important, pour que si l'ennemi s'opiniâtrait à rester dans sa position, la perte qu'il éprouvera sur cet autre point de sa frontière l'emporte sur l'avantage qu'il trouve à garder son poste.

Il faut que le corps qui marche à une diversion soit d'une force suffisante, non-seulement pour terminer cette entreprise, mais encore pour prendre poste d'une manière solide dans le pays et pouvoir servir d'avant-garde à l'armée offensive qui, probablement, viendra profiter de ses premiers succès; car des courses de troupes légères, des contributions qu'on lèverait, en un mot toutes les ruses et les finesses de la petite guerre ne seraient pas des raisons déterminantes pour faire quitter à l'ennemi un poste avantageux.

La marche du détachement chargé de la diversion est communément facile et sans danger; il est bon cependant de la tenir secrète afin que l'ennemi éprouve des pertes, avant qu'il puisse s'en douter. C'est à la retraite que doit prendre bien garde le général qui a été employé à cette expédition; car si elle a eu quelque succès, l'ennemi, quittant sa position, se portera brusquement sur le corps qui lui a fait tant de mal, et comme l'ennemi sera plus près du détachement que l'armée offensive, il pourra l'attaquer avant qu'on puisse lui envoyer du secours. Le chef d'une diversion ne peut trop prendre de précautions pour ne pas se retirer trop tard, et ne pas se livrer à un ennemi supérieur. Il faut donc combiner et prévoir le parti que prendra l'ennemi quand il sera instruit de la diversion, pour d'après cela arranger ses marches et ses mouvements.

Il est des cas où, se contentant de détacher une partie de l'armée, l'ennemi maintient avec l'autre sa première position; il y en a d'autres où il marche avec toute l'armée : c'est sur ces deux suppositions qu'il faut déterminer sa conduite. Entrons dans quelques détails.

Le corps chargé de la diversion s'est porté devant une place qu'il assiége ; l'ennemi, sans quitter sa position, détache un corps suffisant pour lui tenir tête et même avoir la supériorité ; alors la diversion est vraiment périlleuse, et le but n'en sera probablement pas atteint. S'il n'est pas possible d'attaquer la grande armée de l'ennemi dans son poste, qui se trouve alors moins fortement occupé, il vaut mieux faire rentrer son détachement. Mais comme il se pourrait faire que l'ordre de la retraite ne lui arrivât pas assez à temps, c'est au général qui commande la diversion à se conduire avec une activité suffisante pour atteindre le but de sa mission avant l'arrivée de l'ennemi, ou sans s'effrayer du nombre pour l'attaquer inopinément et chercher à le battre, ou enfin joignant la prudence à la vigueur pour se retirer en lui faisant le plus de mal possible.

Tous ces mouvements ne pouvant être déterminés que d'après la connaissance la plus exacte de ceux de l'ennemi, c'est à les découvrir et à s'en assurer que le général qui commande une diversion doit porter ses plus grands soins. Quand il apprend que l'ennemi a détaché contre lui, il doit s'informer de la force du détachement, de la route qu'il a prise et du moment où il est parti de la grande armée. Les espions, les partis de troupes légères doivent être envoyés sur toutes les routes, aussi loin que possible, pour avoir des nouvelles promptes et gagner ainsi le temps de se conduire, selon les occurrences, d'après les règles de l'art. L'ennemi marche à vous, ses projets sont évidemment de faire finir la diversion, soit par une affaire décisive, soit en se postant entre vous et votre armée, vous coupant vos vivres, vos communications et conséquemment la retraite. La route que tient l'ennemi indiquera facilement auxquels de ces deux moyens il aura recours ; c'est d'après cela que le général doit raisonner ses moyens et ses ressources. Il examinera son poste sous ses divers aspects ; il verra s'il est en sûreté contre une attaque; s'il couvre convenablement le siége entrepris; s'il assure la retraite et les communications, etc., etc.

Il est possible que le poste ne réunisse pas tous les avantages désirés et qu'il n'ait été pris, tant que l'ennemi était éloigné, que pour la plus grande commodité des troupes. Alors il faut en avoir fait reconnaître un aux environs qui puisse servir de champ de bataille. Sur la nouvelle de l'approche de l'ennemi, on y marche, on s'y campe ; si le poste est tel qu'il puisse arrêter l'ennemi ou que celui-ci ne puisse l'attaquer sans de grands désavantages, le but de la diversion n'est point manqué, et l'on continue son entreprise. Mais si les environs n'offrent point de postes convenables, comme une affaire pourrait même n'être pas décisive, et que le gain qui résulterait de la victoire ne serait pas proportionné aux malheurs qu'entraînerait une défaite, il faudrait songer à la retraite. On lèverait le siége, on ferait filer la grosse artillerie et les munitions, on couvrirait le tout avec le détachement et l'on se replierait sur son armée. Quand un corps envoyé à une diversion est chargé d'assiéger une place, pour plus grande sûreté, il serait convenable d'augmenter les attelages du train d'artillerie, afin qu'en cas de retraite la marche du détachement n'en fût pas trop appesantie.

Pendant la diversion, l'armée offensive doit toujours manœuvrer à portée de l'armée ennemie et se mettre en mesure, autant que possible, de soutenir le corps détaché, de lui faciliter et assurer la retraite s'il venait à être trop vivement poussé. Si l'armée offensive ne pouvait quitter la position où elle se trouve, il faudrait par des échelons de détachements entretenir la communication.

L'emploi des diversions ne se borne pas à la guerre offensive, la défensive y trouve souvent des facilités pour changer la nature de la guerre.

Je suppose que l'ennemi surprenne dans ses quartiers l'armée qui doit lui défendre l'entrée du pays, que celle-ci, après sa défaite, se voie obligée d'abandonner l'extrême frontière et de se retirer dans l'intérieur du pays pour y prendre une position ; une diversion bien conduite pourra changer tout le système de la guerre et réduire l'ennemi vainqueur à la nécessité de se défendre. Un général, en pareille occurrence, doit, en se retirant sur la position intérieure, chercher à priver le pays qu'il abandonne à l'ennemi, de toutes les ressources nécessaires à celui-ci pour continuer son offensive. Il doit jeter dans les places des garnisons suffisantes; y faire entrer les vivres, les fourrages des villages environnants; il doit forcer les habitants des autres lieux habités à se replier avec l'armée sur les derrières, emportant leurs vivres, leurs fourrages, brûlant ce qu'ils ne peuvent traîner avec eux. Alors le pays qu'on laisse entre soi et l'ennemi ne lui donne aucune facilité pour s'avancer vivement; il est obligé, s'il veut pénétrer plus avant, de marcher lentement, retardé par ses convois, qu'il doit faire venir de ses dépôts. Si le pays a des places fortes, l'ennemi n'osera s'avancer entre leurs lignes, leurs garnisons pouvant le tourmenter, agir sur sa ligne d'opération et enlever ses convois. S'il veut les assiéger, il se réduit par là même à la défensive; alors une diversion bien combinée le forcera à s'affaiblir de quelques corps, qu'il enverra au secours de l'endroit que l'on menace, et il peut par là offrir à l'armée défensive le moyen de l'attaquer avec avantage. Si le pays est totalement ouvert, ainsi dénué de vivres, l'ennemi ne saurait s'y avancer; le harcelant par de nombreux partis de troupes légères, détachant de gros corps sur ses ailes pour entrer dans son pays, on le forcera bientôt à se replier sans qu'il puisse profiter de ses premiers avantages. L'armée défensive pourra d'autant plus facilement s'affaiblir par de gros détachements, qu'elle n'aura rien à craindre d'une attaque inopinée. L'ennemi ne saurait s'avancer contre sa position qu'en traversant lentement un pays dépourvu de subsistances; ainsi l'on aura toujours le temps de faire revenir ses détachements, ou mieux encore de leur envoyer l'ordre de se jeter sur les lignes de communication de l'ennemi, s'il s'éloignait trop de la frontière. Une fois l'ennemi replié, le général qui avait tenu jusque-là la défensive doit alors chercher à agir et baser un plan de campagne offensif d'après les principes que nous avons posés. La conduite du général Dumouriez, en 1792, fut fondée sur ces principes. Le passage de la Sambre et les attaques des postes de Turcoin Porperingue sur les deux flancs de l'armée alliée en Flandre (en 1794) sont des diversions dont le succès changea tout le système de la guerre, força l'armée alliée à une retraite précipitée et lui fit perdre le fruit de deux campagnes.

Des batailles.

Quand tous les moyens dont nous venons de parler n'ont pu contraindre l'ennemi à se déposter, la dernière ressource pour couper sa parallèle est de lui livrer bataille, de l'attaquer dans son poste, et de le forcer ainsi à abandonner le pays qu'il voulait couvrir.

Il faut épuiser tous les autres moyens de vaincre avant d'en venir à une action ; les habiles généraux cherchent moins à livrer des combats (où les deux partis risquent également) qu'à ruiner l'ennemi par d'autres voies[1]. Cependant il est des circonstances où il est impossible de les éviter. L'armée offensive a besoin pour établir solidement la base de sa ligne d'opération de s'emparer d'une place qui lui barre le débouché par où elle peut pénétrer chez l'ennemi ; cette place forme un saillant sur sa propre frontière ; l'armée ennemie est campée devant ou à portée, ses flancs couverts par d'autres places en arrière, qui ne permettent guère de les tourner ou d'entreprendre de diversion. Dans une pareille supposition, il faut déposter l'ennemi et le rejeter assez en arrière pour pouvoir investir et former le siége de cette place. D'ailleurs, dans une semblable situation de frontières, à moins d'une très-grande supériorité de troupes, il n'est guère possible de beaucoup manœuvrer devant

1. C'était la maxime de Turenne. Il s'exprime ainsi en parlant de Torstenson, général Suédois : « Il avait ruiné l'armée de l'empereur dans divers combats, par une suite de conduite fondée sur une grande expérience et accompagnée d'un grand jugement, ce qui est supérieur au gain d'une bataille. » Voyez le premier des *Mémoires* de Turenne, année 1644.

l'ennemi; car, par de très-petits mouvements, il pourrait se porter sur votre ligne d'opération et inquiéter vos flancs, si vous ne laissiez devant lui un corps d'armée suffisant pour lui tenir tête. Une bataille doit donc ouvrir la campagne.

Si l'ennemi occupe devant vous une ligne de quartiers trop étendus, une position même imposante, mais où il faudrait ajouter quelques ouvrages pour en augmenter la force, il est hors de doute que l'on ne doit pas lui laisser le temps d'y concentrer ses troupes ou de fortifier son camp. Il faut l'attaquer vivement, et avoir préparé d'avance tout ce qui est nécessaire, soit pour poursuivre ses avantages, si l'on gagne la bataille, soit pour couvrir sa retraite, si l'on avait le malheur de la perdre.

Une bataille, dans un commencement de campagne, en décide presque toujours le succès ultérieur; ainsi il ne faut point hésiter à la donner, si l'ennemi, par une mauvaise position ou par quelques mouvements, se met à portée de risquer un événement. Dans le courant de la campagne, il faut livrer bataille à l'ennemi toutes les fois que par sa position il arrêtera l'enchaînement des opérations qui doivent assurer le but de la campagne. Par exemple, si l'ennemi couvre une place qui gênerait les communications de votre première parallèle à la seconde, que vous voulez avancer dans son pays, ou bien si dans une marche il prête le flanc, en un mot offre un avantage, on ne doit pas balancer à l'attaquer. Vers la fin de la campagne, il faudra livrer bataille à l'ennemi, si sa position exposait la ligne de vos quartiers d'hiver, et vous empêchait de pouvoir l'assurer de manière à vous en servir comme d'une première parallèle pour l'ouverture de la campagne suivante.

Quand on se décide à une bataille, il faut agir avec la plus grande prudence et ne rien négliger pour en assurer le succès; car la perte d'une bataille peut changer absolument la constitution de la guerre et vous réduire à la défensive. L'histoire en fournit mille exemples. La bataille résolue, il faut par ses dispositions et son habileté à saisir les avantages du terrain, en assurer (autant que faire se peut[1]) le succès. C'est un avantage bien grand que celui de se tenir en colonnes jusqu'à ce que l'ordre de bataille qu'on veut prendre soit déterminé. Par là on tient parfaitement son armée dans la main, on peut la manier rapidement faire des mouvements intérieurs qui échappent à l'ennemi, lui faire illusion, le menacer tantôt sur un point

1. Il est inutile de remarquer qu'il faut avoir grand soin d'éviter d'être prévenu par l'ennemi; on sent combien il est dangereux de recevoir le combat sur le terrain intermédiaire au poste que l'on voulait attaquer, et d'où l'ennemi serait sorti pour venir au-devant.

tantôt sur un autre, l'induire en erreur, et cependant ne jamais se mettre en prise. J'ai déjà parlé de cet avantage au chapitre des ordres de bataille. Je vais, au hasard de me répéter en partie, citer quelques exemples qui le développeront et le feront mieux sentir.

Soit une armée instruite des ressources qu'offre la tactique, dans le cas de vouloir attaquer l'ennemi; elle se met en marche dans l'ordre ordinaire et s'avance sur lui. Là, le général qui la commande reconnaît, de la tête de son avant-garde, la position de l'ennemi et la disposition par laquelle il compte la défendre. S'il trouve un point faible dans l'une ou dans l'autre, c'est sur ce point qu'il forme rapidement sa disposition d'attaque. S'il n'en trouve pas, il se met à manœuvrer vis-à-vis de lui; il cherche à lui donner le change; il emploie toutes les ressources du terrain et de la tactique pour lui faire illusion sur son projet; il feint un mouvement offensif sur une de ses ailes, pour lui faire dégarnir son centre ou son autre aile, et y former une attaque réelle. Là, il lui présente des colonnes à distances ouvertes; ici, il lui en présente à distances serrées. Il fait tant en un mot que, si cet ennemi n'est pas aussi habile que lui, il prend le change, abandonne ou occupe un poste qui le met en prise, ou bien s'affaiblit sur un point, soit en y laissant trop peu de troupes, soit en en laissant trop peu de l'arme propre à le défendre, soit en y laissant les troupes les moins bonnes de son armée, et alors cette faute est saisie, le général habile et manœuvrier porte sur-le-champ ses efforts sur cette partie faible. Si enfin l'ennemi ne se met en prise, ni par sa position, ni par sa disposition, alors le général se trouve n'avoir rien engagé, il se retire, prend une position, et attend une occasion plus favorable. Les Français, dans la guerre de 7 ans, n'avaient pas la moindre idée de ce genre de guerre, de cette manière de reconnaître l'ennemi avec toutes les forces d'une armée, de lui présenter le combat, de l'induire à une fausse manœuvre et d'en profiter avec rapidité. Ils ne savaient guère prendre des ordres de bataille momentanés et combinés sur la circonstance ; ils ignoraient l'art de manœuvrer les armées. Que de batailles ont perdues les braves troupes françaises par la faute de leurs généraux ! Je n'en citerai qu'une dont l'exemple et le malheur ont été bien frappants.

L'armée part du camp de Minden avec une disposition combinée, dès la veille, sur une reconnaissance faite dans la matinée. C'est sa droite, considérablement renforcée, qui doit attaquer la gauche de l'ennemi, qui, dans cette reconnaissance, avait été trouvée faible et susceptible d'attaque. On débouche dans une grande plaine, et vis-à-vis une longue lisière de bois, derrière laquelle était cachée la disposition de l'ennemi. Suivant la routine établie, on se met en bataille, on étale deux lignes, dont l'ennemi peut à loisir compter la force; au lieu du moins de laisser ces lignes en arrière, et d'en dérober la faiblesse à l'ennemi, à la faveur du pays coupé qui était à l'entrée de la plaine, on porte ces lignes en avant, et on les aligne sur la droite qui était chargée de l'attaque. On porte même une partie du centre en avant de cet alignement, à 1 kilomètre de la lisière du bois qu'occupe l'ennemi. On observera encore que cet ordre de bataille devait être pris au point du jour, mais que, par une suite de la maladresse des généraux et de leur peu d'habitude à exécuter de grandes manœuvres, 7 heures sont arrivées, que les lignes tâtonnent encore leur disposition. Cependant l'ennemi a changé la sienne dans la nuit et dans la matinée; sa gauche, qu'on comptait faible, dégarnie, est renforcée de troupes; des retranchements et des batteries s'y sont élevés. Dans cette situation, cette aile est jugée inattaquable. On détermine qu'il ne faut pas engager sur ce point un combat dont le succès ne pourrait qu'être funeste. On délibère, le temps se perd, l'ennemi voit le centre porté trop en avant et composé de deux faibles lignes de cavalerie, sans infanterie pour les soutenir; il forme sur lui une disposition à couvert par les bois qui sont sur son front, débouche, l'attaque, l'enfonce et gagne la bataille [1]. Qu'on fût arrivé sur l'ennemi dans l'ordre oblique, qu'on se fût tenu en colonnes jusqu'à ce qu'on eût jugé quelle était la situation de l'ennemi, cette bataille n'aurait pas eu lieu; l'ennemi n'eût pas pu démêler les parties faibles de la disposition et former une attaque sur elles. On eût reconnu que sa gauche était renforcée et à l'abri d'être attaquée; on fût, au pis aller, rentré dans l'ancien camp; c'eût été une reconnaissance sans perte et sans honte. Car j'ose avancer que c'est à tort qu'on appelle faux mouvement, la marche que fait une armée pour aller en attaquer une autre, et le parti qu'elle prend de se retirer, quand elle voit qu'elle ne peut pas engager le combat avec avantage. Un général habile et manœuvrier fera souvent des mouvements pareils, sans croire faire, en se retirant, un aveu d'infériorité; c'est à force d'en faire qu'il trouvera enfin une occasion favorable. Chez les anciens, l'armée qui était sur l'offensive allait ainsi présenter le combat à l'ennemi, afin de l'engager à sortir de ses retranchements, etc., à se mettre en prise, se retirant ensuite quand elle

1. Il eût été possible de remédier à ce premier échec, si, restant sur le champ de bataille, on eût préparé une nouvelle attaque pour le lendemain; la grande supériorité de l'armée française bornait le gain de cette bataille au stérile honneur du champ de bataille.

ne voyait pas une occasion favorable d'attaquer : ainsi Annibal battit les Romains à Trasimène et à Cannes; ainsi, dans leur belle campagne de 1675, se tâtérent souvent, sans jamais s'engager, Turenne et Montécuculi. Ces grands hommes savaient cependant bien précisément en quoi consistaient la honte ou la gloire.

Mais quelque bonnes, quelque sages que soient les dispositions du général en chef, quel succès pourrait-il s'en promettre, si les généraux qui commandent les diverses colonnes ne s'étaient pas pendant la paix appliqués à calculer les distances, à saisir d'un coup d'œil l'analogie du terrain avec les diverses armes et bien d'autres principes qui naissent des circonstances, des situations et qu'on ne peut indiquer. Le général en chef leur a bien indiqué en gros la position qu'ils doivent occuper dans l'ordre de bataille avec leur division ou corps; mais il reste, dans la manière d'occuper cette position, une infinité de détails qui les regardent. Ils doivent savoir occuper une hauteur plus avantageuse en avant ou en arrière des points donnés; placer les troupes derrière un rideau ou un ravin, pour les mettre à couvert du feu de l'artillerie ennemie, quand elles sont en panne; faire quelques légers changements dans l'alignement donné, quand ce changement peut être avantageux; prendre en un mot sur eux tout ce qui, en procurant quelque avantage, ne fait pas contre-sens à l'ordre de bataille et concourt à remplir plus parfaitement l'objet de la disposition générale [1].

Si les batailles sont dangereuses pour l'armée offensive, soit par les revers qu'un échec peut entraîner, soit à cause de la consommation des hommes qu'une victoire même peut occasionner et qui peut être telle qu'elle arrête tout mouvement ultérieur jusqu'à l'arri-

1. Ce n'est pas tout que de savoir livrer et gagner une bataille, si l'on ne sait pas profiter de ses succès; c'est répandre du sang inutilement. Par profiter du gain d'une bataille, j'entends faire tant de mal à l'ennemi que l'on a vaincu qu'il soit obligé de renoncer à ses projets et à ses plans. Jamais victoire, avant Marengo, n'avait eu des suites plus étonnantes, que celles de la bataille de Lissa ou Leuthen, gagnée par Frédéric le Grand, en décembre 1757. Outre un grand nombre de prisonniers et de trophées, la désorganisation de l'armée autrichienne, la prise de Breslau et la délivrance de la Silésie en furent une suite: et au commencement de la campagne de 1758, Sa Majesté put assiéger et prendre Schweidnitz, qui était la dernière ville que les Autrichiens y avaient conservée. Peut-être que si le roi, au lieu de marcher sur Olmütz, eût pénétré en Bohême avec son armée victorieuse, et qu'il eût fait détruire les grands magasins que les Autrichiens avaient formés à Lentomischl pour y rassembler leur armée, eût-il étendu la suite de sa victoire jusque sur la campagne de 1758, dont il fût devenu le maître. Cette probabilité semble se changer en certitude, d'après la correspondance qui fut prise par S. A. R. M. le prince Henri sur un aide-de-camp du duc d'Aremberg. Tous les magasins, dépôts, etc., qui devaient servir à l'entretien de l'armée que l'on voulait rassembler au maréchal Daun, étaient couverts par à peine 20 000 hommes. On trembla plus d'une fois pour leur perte. Ces magasins pris, il fallait que l'armée autrichienne évacuât entièrement la Bohême pour se replier sur l'Autriche et y trouver un lieu de rassemblement convenable. — Que de malheurs de moins, et que de gloire de plus pour Sa Majesté!

vée des renforts; elles peuvent encore avoir des conséquences bien plus funestes pour une armée défensive et s'il m'est permis de parler ainsi, un général dans une telle position ne doit en livrer qu'à coup sûr. C'est dans les manœuvres et les mouvements qu'il doit chercher son salut et sa gloire.

Comme il peut arriver qu'une armée qui agit offensivement soit exposée à recevoir la bataille, et que le général de l'armée défensive après avoir inutilement tout tenté pour la déloger d'un poste, qui expose son pays, essaie comme une dernière ressource de l'en chasser à force ouverte ; je crois devoir finir cet article par quelques réflexions sur les précautions à prendre pour recevoir le combat.

En considérant tous les ordres de bataille, relativement à l'objet offensif, j'ai démontré les avantages qui pouvaient résulter de la combinaison des marches et des déploiements, soit pour tromper l'ennemi sur la force des colonnes et sur le point d'attaque, soit pour prendre rapidement une disposition. J'ai fait voir que ces avantages devenaient immenses, lorsque l'armée attaquée faisait (suivant la routine ordinaire) sa disposition à l'avance et étalait ses lignes sur la position qu'elle devait défendre; car alors le général attaquant arrivant avec son avant-garde, reconnaît cette disposition, compte le nombre et l'espèce des troupes qui défendent chaque point et détermine son ordre de bataille en conséquence.

Ce serait une science fort imparfaite, que celle de la tactique, si elle n'offrait pas à l'armée qui est sur la défensive le moyen de balancer ces avantages. Elle les offre et elle est en cela comme l'art des mines, comme celui de l'attaque et de la défense des places, également susceptible d'être employée par les deux partis; c'est à celui qui la possède et qui l'applique le mieux qu'elle rend les services les plus décisifs.

Supposons un général habile et tacticien dans la nécessité de recevoir une bataille; il ne démasquera sa position de défense qu'après qu'il aura reconnu les points où l'ennemi veut faire effort. Il tiendra son armée en colonnes sur le champ de bataille qu'il devra occuper, afin de ne déterminer la répartition de ses troupes que sur celles des troupes de l'ennemi. Il opposera enfin finesse à finesse et manœuvre à manœuvre; c'est-à-dire qu'il sera continuellement en mouvement devant l'ennemi; qu'il cherchera à le jeter dans l'irrésolution, à l'induire en erreur, à lui faire illusion sur le nombre et sur la disposition de ses troupes, à lui présenter un point dégarni en apparence, afin de l'engager à diriger son attaque sur ce point; c'est-à-dire même qu'il ne se bornera pas toujours à une simple disposition défensive; et que, si l'ennemi se met en prise sur quelque point, il saura faire sur lui un contre-mouvement offensif.

Il n'est pas question ici de ces positions défensives, tellement avantageuses que le terrain y réduise nécessairement l'attaque à un point; car alors, comme il ne peut y avoir d'incertitude sur la partie où il est nécessaire de porter ses plus grandes forces, il n'y a pas d'inconvénient à déterminer son ordre de bataille à l'avance. Mais il n'en est pas de même dans les positions qui sont susceptibles d'être attaquées sur plusieurs points; car là, pour qu'il n'y ait pas un de ces points dégarni, dans le temps que les autres seront inutilement occupés par un trop grand nombre de troupes, pour que l'ennemi ne puisse pas engager sa partie forte contre une partie faible, il faut ne déterminer sa disposition que sur celle de l'ennemi ; il faut occuper les points d'attaque par des têtes de troupes, et tenir derrière et entre eux le reste de son armée en colonnes, afin de porter ses forces où l'ennemi portera ses efforts, et quelquefois où il se mettra en prise et se rendra susceptible d'être attaqué lui-même. Il faut à plus forte raison, dans les positions de plaine, ne déterminer son ordre de bataille que sur celui de l'ennemi, puisque, dans ces positions, c'est le nombre des troupes, c'est une aile plus ou moins forte, c'est telle ou telle arme rendue supérieure dans une partie de l'ordre de bataille qui décident du succès de l'action.

Que fera cependant le général ennemi? Il verra des têtes de troupes dans les principaux points de la position qu'il veut attaquer; et au lieu d'une armée en bataille et disposée pour se laisser compter et battre, cette armée partagée en colonnes dont il ne pourra juger ni la profondeur ni l'objet. Manœuvrera-t-il? Cette armée manœuvrera aussi. Cherchera-t-il à lui donner le change? Elle se tiendra en garde contre lui, elle cherchera à lui faire allusion à son tour. Se décidera-t-il à attaquer un point, et réunira-t-il ses forces pour l'emporter? Les forces de cette armée se réuniront pour le défendre. Entre deux armées pareilles, ce sera enfin à qui l'emportera de génie et de célérité dans les manœuvres.

Cette application de la tactique à la défensive est encore plus inconnue, et cependant non moins importante que l'application aux ordres de bataille offensifs.

Tels sont les divers moyens de forcer la parallèle de l'ennemi et d'entrer de force dans son pays, si la surprise n'est pas possible.

Quel que soit le plan de campagne que l'on veuille suivre, quels que soient les moyens qu'on se décide à employer pour en assurer l'exécution, la connaissance parfaite du pays est absolument nécessaire pour assurer la réussite de vos desseins; je dis de vos desseins ou divers projets, car la guerre ne suit pas toujours la route qu'on se propose. Des changements peuvent arrivèr; et un mouvement de l'ennemi, auquel on ne s'attend pas, change souvent tout un projet de campagne, et tout ce qu'on avait résolu de suivre. Il faut donc avoir plusieurs desseins, plutôt que de s'arrêter à un seul; car souvent une offensive, quelque bien concertée qu'elle soit, peut, par un mouvement fait mal à propos, se tourner malheureusement en défensive. Alors il faut d'autres mouvements pour revenir au premier projet. M. de Turenne entendait parfaitement l'art de réduire son ennemi, prêt à l'offensive, à prendre la défensive. Mais quelle profondeur de génie, d'expérience et de science ne faut-il pas avoir! Souvent un mouvement mal concerté, sans que l'ennemi y ait la moindre part, réduit à cette extrémité : une lettre interceptée, un secret divulgué, et quelquefois un mot lâché mal à propos et sans réflexion, font échouer tout le plan d'une campagne. Un ordre, exécuté une heure plus tôt ou plus tard, ruine cent desseins entassés les uns sur les autres, qui sont une suite nécessaire du premier, et des mesures prises et formées dans le cabinet; enfin un rien, une bagatelle la plus fortuite change la face des affaires, de sorte que cela vous oblige à régler autrement l'état de la guerre, et la manière de faire et d'agir n'a plus de rapport avec le premier plan.

De la guerre défensive.

Si les principes de la guerre offensive, tels que je viens de les exposer, sont véritables, il suit que ceux de la guerre défensive doivent exactement en être l'inverse.

Si l'intérêt de l'ennemi est de vous attirer le plus tôt possible à une action générale pour être en état d'assiéger une de vos principales forteresses, y former de nouveaux dépôts, et avancer dans le pays de plus en plus, jusqu'à ce qu'il vous ait enfin forcé à l'évacuer entièrement, ou à faire une paix telle qu'il voudra la dicter, toute votre attention doit se porter à éviter un engagement général; car, en employant habilement l'armée que vous tenez en campagne, vous pouvez forcer l'ennemi, quelque supérieur qu'il soit, à abandonner ses projets, et à se retirer avec une armée ruinée. Quand même vous auriez l'espérance la mieux fondée de gagner la bataille, vous ne devez pas la donner; parce qu'une défaite aurait pour vous les plus funestes conséquences, et que la victoire ne peut vous procurer que ce que vous aurez naturellement, et sans risque, en vous attachant aux principes, que je vais développer. Le choix qu'a fait l'ennemi de sa ligne d'opération doit déterminer la vôtre; il faut marcher au-devant de lui aussi loin que vous pouvez, prévenir ses mouvements s'il est possible, sortir de vos frontières, détruire ses petits dépôts, et enlever les chevaux, les bestiaux et tout le blé qui se trouve battu. Quand l'ennemi approche, vous vous retirez à mesure de camp en camp, tous plus forts les uns que les autres, escarmouchant souvent, mais sans hasarder jamais un engagement général, Tel est l'ensemble des règles de la guerre défensive. Quoiqu'il soit bien difficile de prescrire les maximes de conduite propres à chaque circonstance particulière, je crois nécessaire d'étendre ces principes, et d'en indiquer l'application aux situations les plus ordinaires d'une armée sur la défensive.

Il y a deux manières de conduire la guerre défensive : la première consiste, en évitant toute affaire, tout engagement, à couvrir son pays par de simples manœuvres ou par des positions; dans la seconde, que l'on peut appeler défensive-offensive, on cherche à passer de la stricte défensive à l'attaque, toutes les fois que l'occasion s'en présente. Le plan de campagne doit alors être combiné de manière à défendre le pays alternativement par des camps, des positions, des combats et des entreprises sur les flancs ou la ligne d'opération de l'ennemi.

De la guerre purement défensive.

Quoique ce genre de guerre soit un des plus dangereux, tant par l'influence décourageante qu'il a sur le moral des soldats que par les difficultés qui y accompagnent le choix judicieux de camps que l'on doit prendre et des marches que l'on doit entreprendre, il est cependant des circonstances où l'on est absolument contraint de s'y restreindre au moins pendant un temps. Le talent du général consiste à accélérer, par ses bonnes manœuvres, le retour à l'offensive et à se conduire, jusqu'à ce moment, avec une sagesse et une prudence qui empêchent l'ennemi de profiter de sa supériorité, soit pour couper votre parallèle et prendre poste dans le pays [1], soit pour déranger l'exécution de vos desseins. On peut être réduit à la guerre strictement défensive par les événements suivants :

1° Quand l'armée de l'ennemi l'emporte d'une ma-

1. Par prendre poste dans le pays, j'entends s'y emparer d'une position ou d'une place importante qui assure la ligne d'opération de l'ennemi. Autant l'on doit lui ôter de pareils avantages, autant la prudence exige souvent qu'on lui abandonne 40, 60, 80 kilomètres d'un pays ouvert, pour se retirer sur une position en arrière où l'on concentre ses forces. On est alors à même d'agir avec avantage contre un ennemi obligé de s'étendre et de s'affaiblir par les postes intermédiaires qu'il est obligé de laisser pour assurer ses communications. Une invasion aussi précaire ne peut en imposer qu'à la multitude. Qu'est-ce qu'un pays ouvert

nière très-disproportionnée, soit par le nombre, la bravoure ou l'instruction.

2° Quand l'armée défensive doit, au bout de quelque temps, être renforcée et que l'on sait que celle de l'ennemi s'affaiblira par les détachements qu'elle sera obligée de faire.

3° Quand des mouvements offensifs sur cette partie de la frontière ne conduiraient à rien de solide, et que l'on veut attendre les succès de sa seconde armée sur un autre point. Alors une position défensive bien choisie doit, en occupant l'ennemi, l'empêcher de trop tourner son attention du côté où l'on veut l'attaquer. On sent que cette position doit être telle qu'elle puisse donner le change à l'ennemi et lui faire craindre une attaque sur la partie même où on l'observe.

4° Quand on prévoit que l'ennemi ne pourra pas être longtemps en état de se maintenir dans le pays ou

dont on a enlevé tous les fourrages, tous les vivres? Quel avantage offre-t-il à l'ennemi? De pareilles conquêtes lui sont même si dangereuses, qu'un général habile ne s'en laisse pas séduire; car, à moins d'une supériorité immense, on ne peut arriver devant la position défensive (clef de tout ce pays) avec des troupes suffisantes pour l'attaquer et la forcer. Outre qu'un mauvais succès serait très-préjudiciable, la position peut être inattaquable, et conséquemment le général qui s'y serait présenté aurait perdu une partie de la campagne; peut-être même toute la campagne, pour le vain honneur d'occuper un pays qu'il sera obligé d'évacuer pour prendre ses quartiers d'hiver.

les frontières qu'on lui a abandonnés, soit qu'il n'y trouve pas moyen de subsister et de s'y établir solidement, soit qu'une diversion sur une autre partie doive l'obliger à se retirer.

5° Quand, après une bataille perdue, on est obligé d'attendre des renforts pour réparer ses pertes, être en état de tenir tête à l'ennemi et d'arrêter ses progrès.

6° Enfin, quand on commande une armée d'observation pour couvrir un siége.

Telles sont les circonstances, au moins les principales, où l'on doit se tenir sur la défensive et éviter tout combat, tout engagement.

On ne peut trop approfondir et connaître tous les dangers de ce genre de guerre pour étudier les moyens de les prévenir ou de les diminuer de manière à ne rien aventurer et à déjouer tous les projets de l'ennemi pendant le temps que l'on prévoit être contraint de s'y restreindre.

Il y a deux manières d'envisager les dispositions préparatoires de la guerre défensive, suivant qu'elle a été prévue ou qu'elle est imprévue [1].

Quand la guerre défensive a été prévue et que l'on

1. La guerre défensive prévue est celle à laquelle on se résout de soi-même. La défensive imprévue est celle qui résulte, soit d'une bataille perdue, soit d'une expédition offensive qui n'a pas réussi et qui a rendu à l'ennemi la supériorité.

a eu quelques mois devant soi pour calculer le moment de l'aggression de l'ennemi, il faut avoir employé ce temps à lever des troupes, à assembler des munitions de guerre, à réparer les fortifications des places dont la conservation est la plus nécessaire, soit pour donner une occupation sérieuse et de durée aux forces de l'ennemi, soit pour la conservation des meilleures contrées du pays, soit enfin pour se garder une entrée dans le pays ennemi qui force l'assaillant à laisser un corps en arrière pour empêcher qu'on ne fasse de grandes courses dans son propre pays et qu'on n'intercepte ou ne batte ses convois.

Tout ce qui vient d'être dit regarde les précautions du dedans. Celles du dehors consistent en négociations auprès des puissances voisines pour des secours, pour des levées étrangères et même pour des diversions éloignées. La jalousie que l'on prend ordinairement d'un conquérant donne assez de facilité pour se lier contre lui, et pourvu qu'on ne soit pas accablé d'abord, on peut trouver des moyens de rétablir ses affaires.

Si la guerre défensive n'a pas été prévue, que la perte d'une bataille ou de quelque place considérable l'ait rendue telle, quoiqu'elle eût eu un autre commencement, la discussion des moyens pour assurer la défensive mérite une attention bien sérieuse. J'y consacrerai un article particulier à la fin de ce chapitre. Les détails que je vais donner ne regarderont absolument que la guerre à laquelle on a eu le temps de se préparer. Les mêmes principes conviendront à toutes les défensives toutes les fois qu'il y aura le même rapport de localités et de circonstances.

Le premier de tous les soins doit être d'empêcher l'ennemi de traverser, par son premier mouvement, votre ligne de défense. Ce danger n'est pas petit, car l'ennemi faisant des démonstrations sur plus d'un endroit, menace de pénétrer partout. Il est bien difficile de démêler ses véritables intentions, s'il a bien pris ses mesures. Il rassemble dans l'intérieur de ses quartiers des troupes de sa seconde ligne ; la première demeure tranquille, sert à masquer les mouvements de la seconde, et alors il tombe inopinément sur votre frontière. Si vous apprenez ces mouvements trop tard (et ils sont difficiles à savoir), vous courez risque d'être battu en détail et de ne pas avoir le temps de concentrer votre armée. D'un autre côté, si vous ne pouvez étendre votre armée de manière à couvrir toute la ligne que vous devez défendre, l'ennemi peut pénétrer avec un gros corps du côté où il ne sera pas observé, suivre avec toute son armée et s'établir dans une position avantageuse avant que vous soyez en état de culbuter ce corps, qui lui a servi d'avant-garde

Dans des pays de hautes montagnes, il est plus aisé d'éviter ce danger, la nature des lieux indiquant à peu près le moment où l'ennemi peut entrer en campagne. D'ailleurs, on connaît avec certitude les postes, les camps qu'il peut et doit prendre et ceux que l'on doit lui opposer. Malgré ces avantages, il n'est pas toujours sûr de pouvoir maintenir sa ligne, si l'ennemi est actif, connaît le pays et sait profiter de sa supériorité ; car il y a beaucoup de chemins (outre les grandes routes) qui conduisent à travers les montagnes. Il fera des démonstrations partout ; il faudra se se diviser et se partager ; les détachements ne seront pas assez forts ou seront mal conduits. Que l'ennemi pénètre dans un seul endroit, toute la parallèle est coupée. Si, dans des pays qui offrent autant d'avantages naturels, il y a encore autant de danger, combien est-il plus grand dans les pays ouverts qui n'ont aucune de ces ressources. C'est là qu'il est vraiment difficile d'échapper à l'ennemi, et sans la plus grande activité réunie aux talents, le général qui doit défendre cette frontière succombera dès l'entrée de la campagne. C'est pour être à l'abri de ces revers qu'il faut entrer en campagne avant l'ennemi, ou au moins être en état de rassembler son armée avec la plus grande célérité.

Ces premiers arrangements pris, on calculera d'après les mouvements que peut entreprendre l'ennemi (en lui supposant toujours les intentions les plus malfaisantes), quelle est la meilleure disposition à donner à l'armée ; si elle doit agir ensemble ou être partagée en plusieurs corps [1]. D'après la force, la disposition et les mouvements que l'on remarque chez l'ennemi, on fixe facilement l'ordre de marche et l'ordre de bataille de l'armée.

Quoique l'on n'ait point à craindre d'être prévenu par l'ennemi, quoi que l'on se soit mis partout sur ses

1. Il faut bien se garder de trop morceler son armée, de vouloir en faire autant de détachements qu'il pourrait y avoir d'endroits de la frontière à couvrir ; ce serait le moyen d'être faible partout. Ce qui rend la guerre défensive si difficile, c'est le talent qu'il faut au général (chargé de son exécution) pour pénétrer les projets de l'ennemi, ne point prendre le change et savoir démêler quand il y a plusieurs points à défendre, quels sont les plus importants et ceux que l'on peut abandonner à l'ennemi sans danger pour ses flancs et sa ligne d'opération, etc. Car je n'appelle pas débouchés importants ceux qui peuvent abandonner à l'ennemi quelques lieues de pays, sans établissements solides pour la continuation de la guerre, pays dont on aura enlevé toutes les subsistances, et où chaque pas que l'ennemi fera lui nécessitera de nouveaux détachements pour la sûreté de ses communications. Si l'on n'a pas eu le temps de ruiner le pays (ce qui serait cependant une négligence), l'ennemi, en consommant les subsistances pendant la campagne, n'y pourra subsister pendant l'hiver ; s'il travaille à fortifier quelques-unes des villes qu'il aura occupées, il donnera le temps de rétablir l'armée ; et comme, dans la suite, telle ville qu'il aura fortifiée à la hâte lui deviendra importante, parce qu'il aura pensé en faire le dépôt de ses vivres et munitions de guerre, il sera obligé d'y tenir une forte garnison, ce qu'il ne pourra faire qu'en s'affaiblissant, ou il sera forcé de la couvrir continuellement de son armée, ce qui lui ôtera le moyen de s'en éloigner.

gardes et à portée de s'opposer à ses entreprises, le danger de la patrie ne serait que retardé, si, par le choix des postes que l'on a pris ou qu'on a l'intention de prendre dans le courant de la campagne, on n'avait pas cherché, par leurs emplacements judicieux, à suppléer au nombre et à rétablir l'équilibre.

« Un général d'armée consommé dans la science de « la guerre, hardi, entreprenant, fin, rusé, sage, « d'un grand sens et d'un coup d'œil admirable, se « trouvant réduit à 20 000 hommes contre 60 000 « d'une valeur égale, n'a garde d'agir offensivement « et haut à la main en pleine campagne. La partie ne « serait pas tenable, quoique M. de Turenne nous « ait fait voir le contraire au combat de Molsheim et « en bien d'autres occasions. Mais comme ce grand « capitaine était un de ces génies extraordinaires que « la nature ne produit que lorsqu'elle veut signaler « tout son pouvoir, nous nous bornons aux hommes « moins rares. Céder toujours le terrain pour éviter « un engagement, ce n'est pas entendre la guerre; « couvrir un certain pays qu'il est important de con- « server, abandonner ce qui nous l'est moins, et qui « réduit l'ennemi à fort peu de chose, c'est beaucoup « contre des forces devant lesquelles tout autre n'o- « serait se montrer. Mais un grand capitaine va plus « loin : il conserve le tout, il couvre ses places, il

« empêche que l'ennemi n'attente sur aucune, il le « tient continuellement en échec sur une ligne de « frontière toujours parallèle, sans qu'il puisse en « outre-passer les bornes et s'ouvrir un passage dans « le pays.

« Il s'agit donc d'occuper des postes avantageux « dans une défensive, et on ne les rencontre pas tou- « jours dans les pays ouverts et coupés, mais on les « trouve dans les montagnes. Dans cette sorte de « guerre, comme dans presque toutes les autres, la « pelle et la pioche sont la ressource des faibles ou « de ceux qui ne veulent rien hasarder : ce sont les « seules armes avec lesquelles l'on se défend et les « plus salutaires pour empêcher l'effet des autres. « L'on se retranche et l'on se met en état de ne rien « craindre d'un coup de main. S'il n'y avait que cela « à faire, un général médiocre en ferait autant que « le plus habile ; mais il y a bien d'autres beso- « gnes.

« La science des postes est une des plus grandes « parties d'un chef d'armée et peut-être la moins con- « nue. Le général Stahremberg a fait voir admirable- « ment qu'il la possédait dans toute son étendue. Se « terrer dans un camp et s'y enfoncer jusqu'aux « oreilles comme une taupe, sans penser à rien au- « delà du poste que l'on occupe, c'est être taupe, et

« rien davantage. Si le poste n'est pas important, et s'il « peut être tourné par des revers qui ne sont que trop « ordinaires dans les pays de montagnes, il est très- « désagréable de se voir laissé là par l'ennemi et très- « honteux de s'y être fié. Il faut donc que celui qui « s'établit dans ces sortes d'endroits puisse commu- « niquer d'une vallée à l'autre, former une ligne de « communication et s'étendre aussi loin qu'il le peut. « Car si l'ennemi court et longe sa parallèle pour tâ- « cher de pénétrer l'autre, il faut que celui qui lui « est opposé se mette en état de courir et de longer « la sienne, de lui faire face, et d'arriver aux autres « postes fort peu avant son ennemi, qui pourrait « bien lui donner le change par une contre-marche. « Il faut une vigilance extraordinaire et une connais- « sance parfaite du pays que l'on défend pour en « empêcher l'entrée et disputer le terrain contre un « ennemi plus fort qui n'a garde de perdre aucun « temps[1]. »

A l'article des camps et des batailles, j'ai donné assez de détails sur les qualités nécessaires aux bons camps défensifs et aux précautions indispensables pour y assurer ses dispositions. Il me suffira de répéter ici qu'on appelle bon poste tout poste qui vous met à même de traverser, par de petits mouvements,

1. Folard, *Commentaires sur Polybe*, tom. I, p. 228.

les desseins de l'ennemi. Il est par conséquent nécessaire de choisir, pour camper, les lieux par où il peut aller le plus directement à son but. Il sera obligé de faire de grands circuits et des marches difficiles auxquelles on s'opposera facilement, parce que l'on sera toujours sur les cordes des arcs qu'il lui faudra parcourir. Cependant, comme un adversaire habile peut dérober des marches, et que la meilleure position n'est pas toujours à l'abri d'être tournée, il ne faut pas négliger les derrières, quelque libres qu'ils paraissent. Il faut, en outre, avoir tout prévu relativement aux positions que l'on doit successivement occuper, si l'on est dans le cas de changer de poste, afin que toutes les démarches et toutes les mesures concourent à remplir l'objet qu'on se propose.

Il y a des pays de plaines tellement ouverts qu'il est bien difficile d'y trouver de ces camps. Il y en a d'autres, au contraire, qui en fournissent en grand nombre. Le Piémont, la Bohême, la Saxe en offrent presque à chaque pas; mais, dans la multiplicité des positions, il faut choisir la meilleure, c'est-à-dire celle qui remplit le plus directement votre objet, qui oblige l'ennemi à de grands détours et vous met en état de rompre tous ses projets. Examinons les diverses règles de conduite qu'indiquent les différentes localités pour s'opposer efficacement aux invasions de de l'ennemi.

Le pays est ouvert et dégarni de places fortes, ou il en a quelques-unes ; enfin, c'est un pays serré ou coupé de rivières. S'il est ouvert ou dégarni de places fortes, il faut l'abandonner à l'ennemi et se retirer pour se mettre à couvert sous quelques places ou derrière des rivières ; ce pays abandonné ne fournira à l'ennemi que des subsistances (si l'on n'a pas eu le temps de les gâter), sans établissements solides pour la continuation de la guerre.

Si, dans ce pays, il se trouve quelque place que l'on puisse soutenir et qui ne puisse être enlevée que par un siége dans les formes, il ne faut pas manquer d'y jeter un gros corps d'infanterie pour faire consumer à ce siége le plus de temps qu'il se pourra.

« S'il se trouve une rivière dans le pays, ou même au-delà des frontières, il faut se placer derrière et distribuer son campement de façon que les trois cinquièmes de l'armée occupent le centre de cette position. Les deux autres parties sont distribuées sur la droite et sur la gauche, de sorte que si votre armée est de 40 000 hommes, elle occupera un terrain d'au moins vingt kilomètres sur le front où l'ennemi pourrait passer. Si vous vous trouvez ainsi croiser sa ligne d'opération, il ne peut s'en éloigner de 40 kilomètres pour chercher un passage. Vos dispositions étant ainsi faites, et les détachements de vos ailes éclairant ses détachements par des patrouilles, il lui est impossible de jeter un pont et de passer sans être vu. Si le terrain vous est favorable, les 8 000 hommes, que je suppose former chacune de vos ailes, sont assez forts pour empêcher le passage ou attaquer vivement l'ennemi dès qu'il a passé, ou enfin pour le tenir en échec, jusqu'à ce que vous ayez eu le temps d'arriver avec toute l'armée. Si le passage est fait, et le retranchement élevé sur votre rive, vous devez occuper quelques hauteurs voisines, vous y camper sur trois corps, comme c'est l'usage, dans une forme circulaire; appuyant fortement vos ailes, et y plaçant votre gros canon, l'ennemi n'osera jamais sortir de ses retranchements pour vous attaquer ; il sera contraint de repasser la rivière, comme il arriva au prince Eugène sur l'Adige, ainsi que j'ai déjà eu l'occasion de le dire. »

« Le seul moyen qu'ait l'ennemi pour passer une rivière si bien gardée, c'est d'envoyer un fort détachement à 40 ou 48 kilomètres de là, pour jeter un pont et le fortifier; mais cette opération est longue, et vous laisse le temps de vous y opposer. Enfin en supposant que l'ennemi ait passé (ce qu'il ne peut cependant jamais faire, si vous manœuvrez suivant les régles), vous quittez votre camp, et vous en allez prendre devant lui un autre également fort, reconnu d'avance. »

« Si le pays a quelques passages difficiles, vous pouvez aisément arrêter l'ennemi à chaque pas ; alors il sera obligé de pousser des détachements sur vos flancs et sur vos derrières pour rompre votre ligne d'opération. Il vous fera ainsi quitter un millier de camps l'un après l'autre, à moins que vous ne défassiez ces corps, ce qui vous est très-facile dans un pays montagneux, en leur coupant la communication avec leur armée ; ils seront alors facilement détruits. En un mot, on doit de façon ou d'autre se débarrasser de ces détachements, car il n'est pas plus possible à des armées qu'à un seul homme de soutenir longtemps un combat en front et en flanc tout à la fois, et de maintenir un point donné devant un corps assez puissant pour entamer la ligne d'opération. »

« Si deux armées marchent contre vous, et qu'elles viennent de loin, si le pays est fort et que l'on y possède de bonnes places où les dépôts soient en sûreté, prenez un bon camp et soyez tranquille ; de si grandes armées ne peuvent se maintenir quinze jours dans une telle situation ; les provisions viendront à manquer, et la faim les séparera. C'est ainsi que le roi de Prusse s'est moqué quatre campagnes de suite des efforts réunis des Autrichiens et des Russes. »

« Si malgré toutes vos précautions et votre activité l'ennemi parvient à pénétrer votre première parallèlle ou ligne de défense, il faut vous replier sur la position que vous aurez reconnue à la seconde, et ainsi de suite ; mais il ne faut pas les abandonner sans avoir employé tous les moyens imaginables de nuire à l'ennemi et d'en arrêter les progrès. Voici à peu près les règles que l'on doit suivre. »

« Quand l'ennemi a pénétré 40 ou 48 kilomètres dans votre pays, et que vous ne pouvez pas, ou ne croyez pas devoir vous opposer à lui de front; lorsque vous ne pouvez pas défendre votre propre ligne, vous devez ou vous retirer à mesure qu'il avance, jusqu'à ce qu'il vous ait tout à fait poussé hors du pays, ou vous déterminer à l'attaquer ; et voici la manière de vous assurer le succès. Il faut laisser sur votre ligne, pour s'opposer à lui de front, un cinquième de votre armée, dont la plus grande partie sera de cavalerie ; disposez trois autres cinquièmes sur le flanc de sa marche, et le dernier cinquième, qui est composé de tout ce que vous avez de troupes légères en infanterie et cavalerie, sera distribué sur sa ligne d'opération en petits corps d'un ou deux mille hommes, qui occuperont les terrains les plus avantageux, tels que les bois, les défilés, etc., où ils se tiendront cachés. De petits partis d'une centaine d'hommes chacun formeront une chaîne continuelle de l'un à l'autre, de sorte qu'il n'y ait pas un point de sa ligne d'opération où l'ennemi ne puisse, à chaque instant, être attaqué avec avantage. La moitié de son armée ne suffirait pas à couvrir ses convois sur une ligne de 40 kilomètres. S'il envoie deux ou trois forts détachements pour escorter un convoi considérable (de 2 ou 3000 caissons peut-être), parce que vous en aurez enlevé ou dissipé plusieurs petits, un tel convoi ne peut guère occuper moins de quarante kilomètres; s'il donne, je suppose, une escorte de 20 000 hommes, ils seront placés en différents corps sur le front, sur la queue, et sur les flancs de sa marche; vous connaîtrez cette disposition, ou quand vous ne la connaîtrez pas, vous renforcerez les troupes qui sont déjà placées sur cette ligne d'opération de l'ennemi. Je prétends que 10 ou 12 000 hommes de troupes légères doivent être promptement rassemblés et être supérieurs à l'escorte de l'ennemi; dans quelque point qu'elles l'attaquent, celui-ci sera battu nécessairement; le front du convoi est arrêté; pendant ce temps d'autres petits partis rompent les chariots, emmènent ou tuent les chevaux; s'il y a seulement un millier de chariots détruits, tout ce qui est derrière est arrêté. L'escorte attachée à son convoi, et même à chaque point de ce convoi, est très-gênée dans ses mouvements. Si on ne peut la battre entièrement, il faut l'amuser par des escarmouches, et donner ainsi à vos partis le temps d'exécuter leur commission. C'est par une telle conduite que les Autrichiens prirent ou dispersèrent un grand convoi, qui venait de Neïss à Olmutz, ce qui obligea le roi de Prusse à lever le siége de cette place et à évacuer la Moravie qu'il avait envahie. »

« Si dans la conduite d'une guerre défensive vous vous conformez à ces principes, vous pouvez être sûr du succès, la ligne d'opération de l'ennemi ne fût-elle que de 40 ou 48 kilomètres; à plus forte raison si elle est de 100 ou 120, sera-t-elle rompue à la fin, et vous recueillerez les fruits de votre prudence et de votre activité, car ces deux qualités là sont tout à la guerre; surtout dans la guerre défensive, où elles doivent suppléer à ce qui manque du côté des forces. »

« Il peut arriver cependant des circonstances où il peut être nécessaire (malgré la stricte défensive à laquelle on est réduit) de livrer bataille. Ces exceptions sont rares à la vérité, mais c'est une raison de plus de les indiquer. Une fois votre ligne de défense traversée, l'ennemi peut être placé ou sur votre front, ou en équerre sur votre front et sur votre flanc, ou enfin vous serrer en front et en queue. Dans le premier cas il y a une multitude de bons camps à prendre pour l'arrêter malgré sa supériorité; et même vous pouvez risquer une bataille, parce que dans la constitution actuelle de nos armées, une défaite même entraîne peu de conséquences fâcheuses; au lieu que dans les deux autres cas vous ne pourriez, sans les plus grands inconvénients, attendre que l'ennemi vînt vous attaquer sur votre terrain. Ce n'est pas gagner une bataille que de repousser l'ennemi; c'est dans une action offensive, et non dans la résistance, qu'est la victoire. »

« Quand l'ennemi marche à vous de front en cherchant à vous gagner le flanc, il faut commencer par attaquer le corps qui vous tourne, parce que vous serez toujours à temps d'attaquer avec succès celui qui vous fait face ; il n'en serait pas ainsi de l'autre, si vous poussiez devant vous, une marche ou deux, ce corps qui vous fait face, laissant l'autre manœvrer à son gré. Ce premier succès, bien loin de vous être utile, vous ruinerait absolument; l'ennemi laissé à lui-même prendrait quelque bonne position derrière vous, et vous intercepterait toute communication; de sorte que c'est vraiment l'intérêt de l'ennemi de s'en aller pour vous attirer après lui, et laisser à l'autre corps la facilité d'agir comme je l'indique ici.»

« Si vous êtes serré entre deux armées, vous devez chercher à vous échapper par un mouvement de flanc à droite ou à gauche, si vous le pouvez, sinon il faut